La fin des haricots ?

Thomas Guénolé

La fin des haricots ?

Le réveil écologique,
c'est maintenant !

PLON
www.plon.fr

92, avenue de France
75013 Paris
Tél. : 01 44 16 09 00
Fax : 01 44 16 09 01
www.plon.fr – www.lisez.com

Dépôt légal : février 2023
ISBN : 978-2-259-31391-9
Mise en pages : Nord Compo

Ce livre est dédié à la mémoire
de Danièle Schlacther née Rousselle.

Impose ta chance, serre ton bonheur
et va vers ton risque.
À te regarder, ils s'habitueront.

René Char

Il n'est pas trop tard !

Le pessimisme est d'humeur, l'optimisme est de volonté.

Alain

Non, il n'est pas trop tard pour arrêter la catastrophe écologique mondiale. Encore faut-il que notre effort collectif, notre imagination, notre audace, notre détermination se hissent *maintenant* à la hauteur de l'enjeu. Osons lancer des grands travaux écologiques planétaires pour transformer notre civilisation consumériste mondiale, qui va droit dans le mur, en une nouvelle civilisation écologiste.

L'*écologie heureuse* n'est pas une utopie ! C'est une question de vie ou de mort. Il n'y a pas d'alternative à ce changement de civilisation.

Je viens de fêter mes 40 ans et suis père d'une petite fille de 2 ans. Je l'aime plus que tout au monde. Je refuse qu'elle passe sa vie d'enfant, puis de femme sur une planète de plus en plus inhabitable. Je refuse que les êtres humains de la génération qui viendra après elle vivent en enfer, et qu'en masse ils meurent jeunes. Quelles que soient nos opinions politiques, philosophiques, spirituelles, nous sommes évidemment d'accord avec cela pour nos propres enfants, ou encore nos petits-enfants et tous ceux qui nous sont chers.

Voilà pourquoi nous devons agir. Le réveil écologique, c'est maintenant.

Politologue et intellectuel engagé contre la montée du néofascisme[1] et la « mondialisation malheureuse[2] », je ne suis pas né écologiste : je le suis devenu. Ce n'est ni militant ni émotionnel. Simplement, à la manière de Monsieur Spock dans *Star Trek*, j'ai toujours vénéré la logique. Quand j'ai compris que notre civilisation planétaire était au sens propre en train d'éradiquer la vie sur Terre, devenir écologiste était la seule conclusion logique possible.

Remplaçons le désespoir par la combativité

L'éco-anxiété consiste en une peur, une angoisse, une détresse, une souffrance psychique, causées par la catastrophe écologique mondiale qui s'aggrave chaque jour sous nos yeux. Ce mal touche les plus jeunes, aussi bien adolescents qu'enfants, mais frappe aussi désormais tous les milieux et tous les âges dans presque tous les pays du monde.

Cessons d'avoir peur ! Remplaçons le désespoir par la combativité. Il n'est pas trop tard pour sauver la vie sur Terre. Cet ouvrage n'est pas un livre-catastrophe de plus, qui assènerait page après page à quel point notre descendance et nous sommes condamnés à l'enfer ; il propose au contraire un chemin concret pour s'en sortir.

Je ne suis pas climatologue, agronome, ingénieur ou encore urbaniste. Je suis politologue. Mon expertise imagine des programmes politiques concrets en combinant les idées de toutes sortes d'experts, pour les rendre compréhensibles et désirables dans l'opinion publique. J'ai été conseiller de l'ancien ministre de l'Écologie et ministre d'État français Jean-Louis Borloo. Dans mon domaine de compétence, j'apporte ici, humblement, ma pierre à l'effort collectif des femmes et des hommes de bonne volonté. Ce programme est concret, transpartisan, international et immédiatement applicable. Voici donc les dix grands travaux écologiques nécessaires de l'humanité.

De Donald Trump à Vladimir Poutine, de l'Inde à la Hongrie, de l'Égypte post-Printemps arabe aux Philippines sous Rodrigo Duterte, sur les cinq continents, la montée du néofascisme et de la xénophobie marque l'esprit du temps de son empreinte immonde. À contre-courant de cette nouvelle peste brune, j'assume d'être cosmopolite, c'est-à-dire citoyen du monde. Ce livre plaide donc avec fierté pour l'internationalisme écologique : un programme commun mondial à appliquer par-delà les frontières.

C'est là encore la seule conclusion logique possible, puisque la catastrophe écologique, elle, se moque des frontières : elle frappe la Terre entière et menace tout ce qui y vit.

Comprendre la catastrophe

Dans notre atmosphère, les gaz à effet de serre capturent une partie de la chaleur générée par les rayons du Soleil. Ce n'est pas une anomalie en soi. Cet effet de serre est au contraire indispensable à la vie. Sans lui, la Terre serait trop froide. Cependant, depuis environ deux siècles et la révolution industrielle, l'espèce humaine consomme de plus en plus d'énergies fossiles – charbon, pétrole et gaz. Conséquence : une montée en flèche des émissions humaines de gaz à effet de serre.

La concentration de ces gaz augmentant, la Terre se réchauffe. Les saisons deviennent de plus en plus chaudes. L'air est de plus en plus humide, d'où davantage d'évaporation et de précipitations, ce qui provoque, selon les régions du monde, des vagues de chaleur caniculaires, des sécheresses extrêmes et des pluies torrentielles, des incendies géants et des inondations. Les océans se réchauffent, ce qui favorise et amplifie les tempêtes et les ouragans, et s'acidifient, à force d'être saturés en gaz à effet de serre, ce qui tue les grands récifs coralliens. Les forêts d'algues se raréfient, et, avec elles, leur rôle de capteur de gaz carbonique comparable à celui des forêts terrestres. Nos récoltes sont perturbées. Notre quotidien est de plus en plus pénible d'un point de vue météorologique.

Notre agriculture, quant à elle, a connu au XXe siècle la « révolution verte », qui, contrairement à ce que cette expression pourrait laisser croire, n'est aucunement une révolution écologique. Il s'agit au contraire de la généralisation de l'agriculture intensive, industrielle et chimique, qui appauvrit les sols et émet, elle aussi, massivement, des gaz à effet de serre. À cela s'ajoute la grande déforestation, à la fois pour produire du bois et convertir des terres forestières en terres agricoles. Les forêts étant des « emprisonneurs » naturels bien connus de gaz carbonique, leur raréfaction accroît d'autant la pollution de notre atmosphère. L'élevage industriel, la surpêche, le secteur du bâtiment *via* les cimenteries, nos industries, nos systèmes de réfrigération, nos décharges, la vie quotidienne de nos villes, l'exploitation du gaz naturel – inventaire hélas non exhaustif – rejettent de même des gaz à effet de serre en très vaste quantité.

Un suicide écologique collectif

Enjeu très présent dans l'air du temps de la fin du XXe siècle, mais devenu secondaire dans l'agenda des gouvernements et des opinions publiques en ce début de XXIe siècle, la pollution provoquée par les activités humaines transforme la Terre en planète-poubelle. Nos océans sont si saturés de déchets plastiques et de leurs particules décomposées qu'on en retrouve dans le corps et l'estomac de la plupart des oiseaux et des poissons. Cette accumulation titanesque a même donné naissance au concept de « continent de plastique », vaste comme deux fois le Texas, pour désigner les régions océaniques où se concentrent ces déchets. Sur la terre, de véritables montagnes de détritus industriels et urbains, les décharges, croissent et s'entassent, la plupart du temps, à ciel ouvert. Ces déchets issus de l'industrie, de l'agriculture intensive, de la vie quotidienne de nos villes, de l'obsolescence programmée des produits de grande consommation, empoisonnent l'air, l'eau et les sols.

À la fois en raison du détraquement climatique et de la voracité croissante des activités humaines, les ressources les plus vitales, telles que l'eau potable et les sols cultivables, s'épuisent. Du fait des mêmes causes, auxquelles s'ajoutent le morcellement et la disparition progressive des régions où la faune et la flore peuvent vivre en liberté, les activités de l'espèce humaine provoquent petit à petit l'extinction massive des autres espèces, sur terre comme en mer.

Si cette trajectoire de suicide écologique collectif se poursuit, le XXIe siècle sera de plus en plus horrible. Il ressemblera à un grand classique du cinéma de science-fiction contre-utopique : *Soleil vert*. Ce film visionnaire de 1973, avec Charlton Heston, dépeint un avenir de décadence bouillonnante. Un monde de mégapoles tentaculaires et de bidonvilles surpeuplés étouffe en permanence sous une chaleur caniculaire. Barricadée dans de hautes tours, une infime minorité jouit d'un habitat confortable, spacieux, climatisé, d'une nourriture riche et de douches illimitées. Pendant ce temps, en contrebas, les émeutes de la faim se multiplient et sont très durement réprimées par l'État policier. L'eau potable, la nourriture et l'énergie sont rares et sévèrement rationnées. Un steak malingre relève du luxe absolu. L'essentiel de la faune et de la flore se sont déjà éteintes. L'océan lui-même est mourant, le plancton vient d'en disparaître.

Notre situation écologique est devenue si grave qu'il s'agit désormais d'une œuvre de prospective plutôt que de science-fiction.

Entre planète bleue et planète infernale

Si l'espèce humaine ne transforme pas à temps et très en profondeur sa civilisation planétaire, cette réaction en chaîne ne fera qu'empirer. Telles sont les conclusions du GIEC (Groupe d'experts intergouvernemental sur l'évolution du climat), une branche de l'Organisation météorologique mondiale, elle-même rattachée à l'ONU. Cet organisme produit régulièrement des rapports scientifiques sur le réchauffement global passé, actuel et futur. En substance, ce sont des synthèses du consensus des scientifiques du monde entier sur le sujet. Sa dernière série de rapports, en 2021-2022, a établi cinq grands scénarios pour l'avenir climatique de la Terre d'ici 2100.

Dans les deux scénarios d'une « planète bleue » qui le resterait, l'un vertueux et l'autre radicalement vertueux, la communauté internationale agit immédiatement et avec détermination pour réduire sa consommation d'énergies fossiles (charbon, pétrole et gaz). Elle retire même des gaz à effet de serre de l'atmosphère : c'est la neutralité carbone. À la fin du XXIe siècle, la Terre s'est réchauffée d'environ 1,6 °C. Les événements météorologiques extrêmes sont donc quand même plus fréquents et plus violents, mais globalement les effets potentiels les plus graves du réchauffement global seraient évités. Cet avenir en bleu suppose toutefois une intense coopération internationale pour partager les ressources, des investissements massifs dans l'éducation et la santé, ainsi qu'une forte réduction des inégalités mondiales.

Dans le scénario « orange », la communauté internationale se contente du « minimum syndical » : respecter les engagements pris à l'horizon 2030 aux termes de l'Accord de Paris, sans prendre de mesures plus ambitieuses. Nos émissions de gaz restent élevées jusqu'au milieu du siècle et ne commencent à baisser que dans sa deuxième moitié. À la fin du XXIe siècle, la Terre s'est réchauffée de 2,7 °C en moyenne. Les événements météorologiques extrêmes sont encore plus fréquents et violents. D'un côté, les pays riches limitent la casse climatique dans des proportions encore supportables et réduisent leurs inégalités. De l'autre, les pays pauvres sont frappés durement par le réchauffement global, sans moyens pour y faire face, et continuent de voir leurs inégalités prospérer.

Dans le scénario « rouge », au lieu de tenir les engagements de l'Accord de Paris, les nations du monde partent dans la fuite en avant d'un *business as usual*. L'augmentation de nos émissions continue donc sur sa trajectoire actuelle, de sorte qu'en 2100, la Terre s'est réchauffée de 3,6 °C en moyenne. Elle endure quarante fois plus souvent ces canicules monstres qui, dans le passé, ne se produisaient que deux fois par siècle. Les inondations, les sécheresses, les ouragans, les tornades, les incendies géants, les pluies torrentielles constituent la nouvelle météo « normale ». Dans cet avenir brûlant où la banquise du pôle Nord n'existe plus, les gouvernements nationalistes, très agressifs d'un point de vue géopolitique dans la prédation des ressources et de plus en plus xénophobes face aux réfugiés climatiques, se sont multipliés sur toute la planète.

Dans le scénario « écarlate », en 2100, la température mondiale moyenne a augmenté de 4,4 °C. Le réchauffement global devient incontrôlable, irrépressible, et atteint des proportions cataclysmiques. Sur cette Terre infernale, si votre date de naissance se situe dans les années 1960, vos arrière-petits-enfants survivront difficilement et avec souffrance, pour cause de planète devenue beaucoup trop inhabitable.

À moins de grands travaux écologiques internationaux très ambitieux pour renverser la vapeur, les deux scénarios « bleus » sont improbables et les scénarios brûlants relèvent tous les trois du domaine du possible – y compris celui de la planète infernale.

Les huit grandes impasses de l'écologie

1/ Les diagnostics terrifiants. Mais qui ne font pas, ou peu, de propositions, et qui, le plus souvent, sont très vagues (« Il faut changer les choses »). Cette grande diarrhée orale et écrite de diagnostics catastrophiques est inutile, puisque les deux tiers de l'humanité ont déjà compris que la catastrophe écologique existe et qu'il faut agir. Elle ne fait qu'aggraver en vain la peur, la panique et le désespoir, sans permettre d'avancer d'un pouce sur la voie de résolution du problème. Je suis convaincu qu'au lieu de cette interminable logorrhée de fin du monde, les populations ont soif de solutions concrètes et applicables de suite – d'où ce livre, dont *tous* les chapitres exposent des solutions.

2/ Le climato-scepticisme, ou syndrome de l'autruche, qui nie ou minimise la gravité de la catastrophe écologique. De nos jours, dans le monde, un tiers seulement de l'humanité s'y fourvoie. Il reste cependant plusieurs grands pays, notamment les États-Unis d'Amérique, où il pèse encore la moitié environ de la population adulte, ce qui freine les grands travaux écologiques nécessaires et urgents. N'oublions pas que l'existence de la catastrophe écologique mondiale, sa gravité et son origine dans les activités humaines ne relèvent ni de l'hypothèse ni de l'opinion : ce sont des constats factuels, et partagés par plus de 90 % des publications de la communauté scientifique abordant le sujet[3].

3/ Stade ultime de l'éco-anxiété : le défaitisme. Le fait de croire qu'il est déjà trop tard conduit lui aussi à une impasse, puisque, par définition, il ne reste alors plus qu'à se résigner. Surtout, cette croyance est fausse. Nous n'en sommes pas encore à un inévitable avenir catastrophique. En fonction de l'ampleur de nos grands travaux écologiques mondiaux durant ce XXIe siècle, nous arriverons quelque part entre une Terre moins habitable mais encore vivable, et une véritable planète infernale. Il n'est donc pas trop tard pour agir, mais à condition d'agir suffisamment vite, fort et mondialement.

4/ La collapsologie. Ce terme désigne un champ d'études transdisciplinaire qui envisage et imagine le possible effondrement total de la civilisation industrielle mondialisée – y compris en imaginant des modalités de survie postapocalyptique de l'humanité, généralement sous la forme de petites communautés agropastorales néo-archaïques. Au sens politique, est collapsologue quiconque *croit* que cet effondrement est l'avenir le plus probable pour la Terre, et juge nécessaire de s'y préparer comme à quelque chose d'inéluctable. Les collapsologues peuvent aller jusqu'à s'engager dans des préparatifs survivalistes, tels que constituer des réserves stratégiques de nourriture et d'eau ou se retirer dans une communauté agraire semi-autarcique. La collapsologie politique conduit à l'impasse en tant que variante du défaitisme. Comme ce dernier, elle considère que le combat est déjà perdu. D'un point de vue pratique, elle ne s'en distingue d'ailleurs qu'en remplaçant la résignation par la volonté de se préparer à survivre dans un monde postapocalyptique. Or, la clé de voûte de cette idéologie est fausse. *Bis repetita* : non, il n'est pas trop tard pour arrêter la catastrophe. Moralement et logiquement, mieux vaut consacrer tous nos efforts à réparer et transformer le navire *Humanité*, qui peut encore l'être à temps, plutôt que de courir nous installer les premiers dans les canots de sauvetage.

5/ « Le progrès scientifique nous sauvera ; nous inventerons à temps les technologies nécessaires. »

Contrairement aux apparences, ce mantra très répandu ne relève pas de la simple foi dans le progrès : il revient plutôt à confondre la science avec la magie. En effet, croire que la science nous sauvera forcément de la catastrophe écologique, alors que nous ne pouvons savoir ni ce qu'elle va découvrir, ni quand elle le fera, ni quand ni comment ce qu'elle découvrira aura des applications, c'est attribuer à tort à la science le pouvoir de toujours découvrir à temps ce qu'il faut pour nous sauver. Certes, nous devons investir sans relâche dans la recherche afin qu'elle découvre *peut-être* des manières nouvelles de mettre un terme à la catastrophe écologique. Pendant ce temps, pour agir, nous devons compter sur la science telle qu'elle existe, et non pas telle que nous la rêvons. Cela implique d'imaginer nos grands travaux écologiques mondiaux avec les technologies qui existent déjà, et non de compter passivement sur la déesse Science pour sortir à temps de son chapeau une technologie miraculeuse.

6/ « Ce qui va changer vraiment les choses, ce sont nos changements de comportements, les initiatives locales, la somme de nos petites actions individuelles. » Là encore, c'est faux. Une étude de Carbone 4, cabinet de conseil en entreprise de référence sur les enjeux climatiques et énergétiques, l'a établi. En prenant le cas d'un pays riche, la France, Carbone 4 a en effet mesuré que, si tous les Français adoptaient l'intégralité des changements de comportements individuels vertueux possibles (devenir végétarien, utiliser exclusivement des lampes LED, ne plus jamais prendre l'avion, adopter le covoiturage systématique, etc.), les émissions totales de gaz à effet de serre de la France ne diminueraient que de 25 %. Pour faire baisser les 75 % restants, c'est à la transformation radicale de nos infrastructures économiques, en particulier agricoles et industrielles, qu'il faut s'atteler[4].

7/ L'*écologie punitive.* Ce discours de culpabilisation des gens quant à leurs comportements individuels provient souvent de campagnes orchestrées par certaines grandes industries polluantes. Il s'agit là d'une stratégie de communication bien connue : celle du « bouc émissaire ». Parler des comportements individuels fait diversion, au lieu de parler de la nécessaire transformation écologique radicale de ces industries[5]. Par conséquent, les priorités du discours ambiant sur l'écologie marchent sur la tête : nous en faisons des tonnes sur la culpabilisation des consommateurs pour changer leurs comportements individuels, mais nous nous attaquons très peu au chantier de la transformation écologique de l'agriculture et de l'industrie – alors qu'il faut faire l'exact inverse. C'est donc bien et en priorité à nos gouvernements, par de grands travaux écologiques, et non aux gens, par la somme de leurs petites actions individuelles, qu'il appartient de résoudre le problème de la catastrophe écologique mondiale. Cela devrait d'ailleurs être une évidence. Pensez au problème gravissime du trou dans la couche d'ozone, traité à la fin du XXe siècle. La communauté scientifique avait identifié le rôle dévastateur de certains produits industriels, notamment les chlorofluorocarbures (CFC) utilisés alors en masse par l'industrie chimique de la réfrigération, des nettoyants et des mousses isolantes. À l'époque, personne ne proposa de compter sur les petites actions individuelles des consommateurs pour que les CFC disparaissent : les gouvernements du monde prirent la décision politique de signer le protocole de Montréal de 1987 pour les interdire purement et simplement.

8/ L'économisme, autrement dit l'examen de tout grand problème humain au prisme de la pensée économique moderne, conduit à notre dernière impasse. Nous pouvons prouver cette inadéquation à l'aide d'un cas simple : le produit intérieur brut (PIB). À de rarissimes économistes près, la pensée économique moderne fait de la croissance du PIB l'alpha et l'oméga d'une économie en bonne santé. Or, si je rase intégralement la forêt amazonienne, cette catastrophe écologique absolue se traduira par une augmentation immense du PIB du Brésil, c'est-à-dire un phénomène censément réjouissant pour l'économie. C'est évidemment absurde.

Mieux vaut une approche d'ingénieur au sens le plus noble du terme : dans le monde réel, bâtir ce qu'il faut après avoir étudié rationnellement le problème, les technologies disponibles et les ressources mobilisables.

Penser une écologie heureuse

La décroissance fait-elle partie des impasses ? Le sujet est plus complexe qu'il n'y paraît. En substance, comme pour le cholestérol, il y a la bonne et la mauvaise décroissance.

La mauvaise décroissance est foncièrement passéiste. Avec des arguments certes sérieux et respectables, elle propose un retour au mode de vie des sociétés préindustrielles, c'est-à-dire des petites communautés agropastorales néo-archaïques. Ce projet est notamment défendu par les tenants les plus radicaux de la « sobriété heureuse ». En pratique, ce désir d'un nouveau monde survivaliste revient au même que le projet politique des collapsologues, à ceci près qu'au lieu de prophétiser son avènement, la sobriété heureuse propose de le provoquer délibérément. Reste que cette approche conduit à la même impasse que la collapsologie politique.

La bonne décroissance, que j'appelle l'*écologie heureuse*, a au contraire le regard tourné vers l'avenir, en inventant une civilisation écologique entièrement nouvelle. Elle y parvient par un immense redéploiement des activités humaines : la forte décroissance de certaines et la forte croissance d'autres. D'une part, nos activités polluantes et voraces en énergie ou en ressources sont purement et simplement supprimées, et remplacées par leur équivalent écologiste. Par exemple, pour nous nourrir, l'agriculture intensive industrielle est abolie et l'agroécologie devient la seule autorisée.

D'autre part, nos activités qui rejettent peu ou pas de gaz à effet de serre et consomment peu de ressources sont au contraire encouragées, célébrées, et prennent la plus grande place dans notre quotidien : les arts, les sports, la quête de connaissance (ou, pour parler comme l'économisme : l'économie de la culture, l'économie du sport et l'économie de la connaissance). Par une coïncidence qui donne à réfléchir, cette écologie heureuse aboutit à mettre au centre de notre civilisation et de nos vies, et non plus à la marge, ce qui nous épanouit le plus en tant qu'êtres humains.

L'écologie heureuse que je propose ose transformer notre civilisation consumériste mondiale, qui va droit dans le mur, en une nouvelle civilisation écologiste et plus épanouissante pour l'humanité. Les dix grands travaux écologiques mondiaux nécessaires pour y parvenir sont : la création d'un gouvernement écologique mondial, la restauration des océans, la reforestation, le véganisme et l'agroécologie, la baisse des naissances dans les pays riches, l'urbanisme vert, la fin des énergies fossiles, la révolution écologique des transports, la fin du tout-jetable, et un « plan Marshall » pour la planète.

1.

À quand un gouvernement écologique mondial ?

Le meilleur pour le groupe est atteint quand chacun dans le groupe fait le mieux pour lui-même et pour le groupe.

John Forbes Nash, Jr.,
mathématicien et l'un des pères
de la théorie des jeux

La première puissance militaire mondiale et la communauté scientifique ont déjà bien identifié le danger : comme les séismes sous-marins peuvent provoquer des tsunamis en surface, la catastrophe écologique est grosse d'une catastrophe géopolitique.

Nous devons agir en remplaçant la compétition pour les ressources par la coopération pour leur partage et la transformation écologique de la civilisation mondiale. J'ai conscience que cette proposition peut sembler irréaliste, mais elle n'est pas plus difficile que la création de l'Organisation des Nations unies quelques mois à peine après la fin de la plus abominable guerre de toute l'histoire de l'humanité.

12 février 2019. L'amiral Philip S. Davidson, commandant des forces américaines dans l'Indo-Pacifique, est auditionné par le Congrès des États-Unis d'Amérique. Il leur donne lecture d'extraits d'un rapport du bureau du directeur du renseignement national. « La dégradation environnementale et écologique globale ainsi que le changement climatique accentueront très certainement la compétition pour les ressources, les situations de détresse économique et les tensions sociales, tout au long de 2019 et au-delà, cite-t-il. Les dégâts causés aux communications, à l'énergie, aux infrastructures de transport pourraient affecter les installations militaires proches du niveau de la mer, infliger des coûts économiques et causer des déplacements de personnes, ainsi que des pertes en vies humaines[1]. »

Quelques années auparavant, en 2013, une équipe de chercheurs publie ses résultats, après avoir examiné soixante échantillons de données quantitatives, de – 10 000 avant J.-C. à nos jours, sur l'évolution du climat et son lien avec les violences sociales. Leurs travaux concluent que, dans toutes les régions du monde et à toutes les époques, des températures plus élevées et des pluies plus abondantes causent des guerres civiles et l'augmentation des violences dans la population[2].

L'engrenage infernal

Après avoir enseigné plusieurs années la géopolitique, notamment à Sciences Po et à l'université Paris 12, je suis arrivé à la conviction profonde qu'il existe, en ce XXIe siècle, un très dangereux engrenage mondial de la géopolitique du climat.

Les émissions de gaz à effet de serre issues des activités humaines sont devenues dangereuses par rapport à ce que l'écosystème peut absorber, provoquant un réchauffement global, d'où le détraquement mondial des températures, des pluies, des sécheresses, de l'habitabilité des côtes ou encore des récoltes. Parallèlement, la civilisation mondiale a atteint un niveau de consommation, de destruction et de gaspillage que notre planète ne peut plus supporter.

Ce double contexte de grand détraquement et de raréfaction génère une tension croissante et mondiale quant aux ressources vitales (telles que les terres cultivables), de plus en plus d'émeutes de la faim et de mouvements sociaux, suscités par le coût de la vie, de plus en plus de réfugiés écologiques, aussi bien dans un même pays qu'entre des pays de la même région. Par conséquent, en matière de conflits sociaux, de relations internationales et de politiques migratoires, l'on constate des dérives répressives et autoritaires des gouvernements, des compétitions agressivement nationalistes pour les ressources vitales, des militarisations des frontières contre les migrants, des gouvernements ouvertement xénophobes.

S'ensuivent un traitement de plus en plus violent des réfugiés – écologiques ou non – aux frontières, des tensions paroxysmiques entre des gouvernements dont la pente xénophobe, policière et nationaliste s'accentue, ainsi que la multiplication probable des guerres régionales, des guerres « par procuration » entre grandes puissances, et, au bout du compte, par effet boule de neige involontaire, la Troisième Guerre mondiale ou son équivalent.

Pour mesurer la gravité de la situation, arrêtons-nous sur le cas de la frontière indo-bangladaise. Le delta du Gange recouvrant plus des deux tiers du Bangladesh, sa surface se trouve très proche du niveau de la mer. Ce pays pauvre n'a pas les moyens de bâtir des digues immenses et des polders, comme l'ont fait les Pays-Bas. La hausse du niveau de la mer, due au réchauffement global, provoque donc la submersion progressive de vastes portions de son territoire. À force d'inondations, quelque 180 millions de Bangladais subissent la salinisation excessive des terres cultivables, des nappes phréatiques et l'inhabitabilité de leurs foyers. En résultent des flux de plus en plus importants de réfugiés écologiques, qui se traduisent par des migrations à l'intérieur du pays, mais aussi en direction des pays voisins.

Or, l'Inde, gouvernée depuis 2014 par le dirigeant nationaliste Narendra Modi, a réagi à cette situation en érigeant un immense mur de barbelés entre les deux pays[3]. L'engrenage conflictuel de la géopolitique du climat n'a donc rien de théorique : le jeu de ses rouages a déjà commencé.

Guerre froide dans l'Arctique

La guerre froide qui se joue actuellement dans l'Arctique constitue un autre cas d'école de la tension croissante quant aux ressources naturelles sous l'effet du réchauffement global.

Au pôle Nord, le réchauffement global fait fondre les glaces de la calotte polaire, libérant de nouvelles routes maritimes. Plus précisément, le passage du Nord-Ouest et la route maritime du Nord[4] sont désormais ouverts la majeure partie de l'année, alors qu'ils ne l'étaient jadis que pendant de courtes périodes. En outre, la fonte des glaces rend dorénavant accessibles des ressources arctiques en sous-sol – en particulier du pétrole.

Contrairement à l'Antarctique, l'Arctique n'est pas réglementé par un traité international. Une nouvelle guerre froide a donc commencé pour le contrôle de sa souveraineté. Le passage du Nord-Ouest fait l'objet d'un contentieux entre le Canada et les États-Unis. En 2007, la Russie a envoyé un sous-marin planter son drapeau national par 4 200 mètres de fond afin de revendiquer les ressources naturelles de la région. Ces trois puissances, ainsi que la Norvège et le Danemark, demandent tous une extension de leur zone économique exclusive pour exploiter ces ressources. Le Danemark a réclamé une extension qui inclut le pôle Nord, pendant que le Canada, la Russie et la Norvège revendiquent des zones maritimes à sa proximité immédiate. Tout cela se recoupe et se chevauche, constituant un ferment de conflits internationaux. À cela s'ajoute une grande incertitude quant au sort des quelque quatre millions d'êtres humains qui y habitent – principalement des Inuits – et qui risquent d'en être chassés par cette course à l'or noir sous-marin[5].

La situation géopolitique arctique est de plus en plus tendue. La Russie réhabilite de nombreuses bases militaires de l'ère post-soviétique tout le long de la côte sibérienne, entre le détroit de Béring et la Norvège. Elle a mis à la mer, dans cette région, une nouvelle génération de sous-marins, les Boreï, et de brise-glaces nucléaires. Parallèlement, Pékin bâtit avec Moscou un partenariat de plus en plus étroit, comme l'atteste la mise en service en 2019 du gazoduc *Force de Sibérie* entre les deux pays. Or, la Chine coopère également avec son allié russe dans le domaine du transport maritime : depuis 2013, le trafic maritime chinois sur la route du Nord, ouverte par la Russie en Arctique, augmente fortement, permettant aux marchandises chinoises de circuler considérablement plus vite du Pacifique à l'Atlantique, sans avoir à subir le large détour par la route du Sud *via* le détroit de Malacca et le canal de Suez.

Pendant ce temps, en 2018, l'Organisation du traité de l'Atlantique Nord (OTAN) a effectué pour la première fois ses grandes manœuvres militaires dans l'Arctique : 50 000 soldats, 150 avions, 10 000 véhicules terrestres, 60 navires de guerre. Le lieu précis de leur déploiement fut les eaux internationales entre la Norvège et l'Islande, à la lisière de la zone économique exclusive de la Russie et de la route maritime du Nord sous contrôle russe. En d'autres termes, il s'agissait très clairement d'une démonstration de force des États-Unis dans ce contexte de « guerre froide des glaces[6] ».

Réfugiés climatiques : mythes et réalité

En 2003, le rapport Schwartz-Randall, commandé par le ministère américain de la Défense, fut l'un des premiers documents gouvernementaux consacrés à l'impact du réchauffement global sur la sécurité internationale. Ce texte relativement bref décrit un scénario catastrophe lors duquel un changement brutal des conditions météorologiques, à cause du franchissement d'un « seuil de rupture » climatique, provoque des déplacements de population massifs à travers le monde, d'où une menace pour la sécurité des États-Unis et du monde[7]. Plus largement, ces deux dernières décennies, les contenus alarmistes relatifs à l'impact des réfugiés climatiques sur l'immigration en Europe et en Amérique du Nord se sont multipliés.

J'ai contacté le politologue François Gemenne, un confrère et ami, pour l'interroger sur cet enjeu. Les explications de ce Belge installé en France, spécialiste des migrations climatiques et des politiques d'adaptation au changement climatique, sont bien connues du grand public des deux côtés du Quiévrain. François Gemenne est sensible à la question de la protection de l'environnement depuis l'enfance. Plus tard, à la différence de beaucoup d'autres intellectuels engagés, ce sont des enjeux de droits humains, en l'occurrence la question des migrations, et non des préoccupations environnementales, qui l'ont fait venir à l'écologie. À la fin de ses études, qui le destinaient à la diplomatie, durant un stage aux Nations unies, à New York, il se retrouva bloqué dans un ascenseur avec l'ambassadeur de Tuvalu, petit État insulaire du Pacifique menacé par la hausse du niveau de la mer. Tandis qu'ils étaient ainsi coincés, le diplomate lui parla du risque de submersion, des migrations de Tuvalais vers la Nouvelle-Zélande… François décida de renoncer à une carrière de diplomate et, quand il se lança dans une thèse de doctorat en science politique, le thème des migrations climatiques s'imposa à lui comme une évidence.

— Au début, personne ne savait vraiment ce qu'étaient les migrations climatiques, me raconte-t-il. On pensait que je travaillais sur les migrations des oiseaux ou des saumons. Le sujet a acquis une importance considérable pendant que je faisais ma thèse, et ne m'a plus quitté.

— Justement, assiste-t-on à une vague migratoire de réfugiés climatiques en direction des pays riches ?

— La réalité, ce ne sont pas des colonnes bien nettes qui séparent les réfugiés climatiques, les réfugiés de guerre, les réfugiés politiques, les réfugiés économiques, et tous les autres motifs de fuir son pays. Parce que, souvent, tout se mélange. Un réfugié syrien qui traverse la Méditerranée depuis la Turquie au péril de sa vie a peut-être auparavant migré de la campagne à la ville à cause de la sécheresse qui a touché la Syrie entre 2007 et 2011, et qui fut l'une des causes de la guerre civile, puis a sans doute fui la guerre, la dictature de Bachar el-Assad ou les persécutions. En Turquie, il a certainement voulu échapper à la pauvreté ou au manque de perspectives. Toutes ces causes de migration se sont accumulées au fil de son parcours. En outre, dans toutes ces causes, il est encore plus difficile de repérer les causes climatiques.

— Pourquoi ?

— Parce que, le plus souvent, les réfugiés ne fuient pas directement un problème climatique. Ils le fuient indirectement. Ils souffrent des conséquences économiques, politiques et sociales du problème climatique. Si on reprend l'exemple de la Syrie, une partie des racines de la guerre civile sont des problèmes écologiques, comme la sécheresse, qui a gravement perturbé les récoltes, mais les réfugiés se déclarent réfugiés politiques ou réfugiés de guerre, et non pas réfugiés climatiques.

— Dans ce cas, si on considère les réfugiés au sens large, assiste-t-on à une grande vague migratoire de réfugiés vers les pays riches ?

— Objectivement, non. Selon le Haut Commissariat des Nations unies pour les réfugiés, en 2021, le monde compte 27,1 millions de réfugiés, soit 0,35 % de la population globale.

— Et l'immigration en général ? Peut-on parler de grande vague vers les pays riches ?

— Non plus. Selon l'Organisation internationale pour les migrations, qui est une branche de l'ONU, en 2020, les migrants internationaux ne représentaient que 3,6 % de la population mondiale. Plus de 96 % de l'humanité reste donc dans son pays d'origine.

— Alors, pourquoi une telle peur des réfugiés climatiques ?

— Déjà, au sein des peuples des pays plus riches que leurs voisins, la peur irrationnelle que des grandes invasions barbares viennent tout leur prendre est très ancienne et très bien ancrée. Et puis, tu as le problème de l'effet de loupe médiatique : en cas de crises migratoires ponctuelles, par exemple les radeaux de migrants en Méditerranée, même si le nombre total de migrants est ridicule comparativement à la population de la France ou de l'Italie, les images quotidiennes donnent à tort un sentiment d'invasion.

— Que peut-on faire ?

— Les experts, les démographes, les politologues doivent continuer de faire de la pédagogie auprès du grand public. Sinon, la démagogie antimigrants et la banalisation des idées xénophobes continueront sans personne pour les contredire. Il n'est pas non plus interdit d'accueillir dignement et humainement les réfugiés, comme le droit international le prévoit. Dans le monde réel, la majorité des déplacements de populations en provenance de pays pauvres reste dans la grande région du pays d'origine. Par exemple, les migrations originaires d'Afrique de l'Ouest sont dirigées à 55 % vers un autre pays d'Afrique de l'Ouest. C'est valable aussi dans le cas des réfugiés climatiques. Si on cherche à résoudre les problèmes, et non à les instrumentaliser à des fins xénophobes, la vraie priorité est de gérer intelligemment les déplacements de populations pour cause écologique, au lieu de les subir.

— Est-ce déjà pratiqué quelque part ?

— Bien sûr, mais avec des fortunes diverses, et pas toujours dans le respect des droits humains.

Au Viêtnam, le programme Living with floods (« Vivre avec les inondations ») organise le déménagement des habitants des terres du delta du Mékong, de plus en plus submergées, vers les collines avoisinantes. En Indonésie, Djakarta devient de moins en moins habitable à cause des inondations du fait de la hausse du niveau de la mer et des pompages souterrains. Le gouvernement a anticipé l'aggravation du problème en décidant de déménager la capitale sur l'île de Bornéo. Gouverner, c'est prévoir. Au lieu de paniquer et de construire des barbelés aux frontières, la communauté internationale devrait aider les pays en développement à mettre en place ce genre de programmes pragmatiques et prévoyants.

De la crise de Cuba au « téléphone rouge » : le dilemme du prisonnier

Avant de proposer un modèle applicable de gouvernement écologique mondial, je dois faire un petit détour par la théorie des jeux et la crise des missiles de Cuba.

La théorie des jeux étudie, à l'aide de modèles mathématiques, les interactions stratégiques entre des acteurs rationnels. Le dilemme du prisonnier, énoncé en 1950 par Albert W. Tucker[8], en est l'exemple le plus célèbre. Après avoir commis un cambriolage, deux voleurs sont faits prisonniers. Ils sont interrogés dans deux pièces différentes et ne peuvent donc ni se concerter ni s'adapter aux réponses de leur complice. S'ils se dénoncent l'un l'autre, ils seront tous les deux condamnés à deux ans de prison. Si l'un d'eux dénonce son complice, lui-même sera libéré et son complice sera condamné à trois ans. Si aucun des deux ne dénonce l'autre, ils seront tous les deux condamnés à un an.

Le dilemme du prisonnier énoncé par Albert W. Tucker

	A dénonce B	**A se tait**
B dénonce A	2 ans de prison pour A et B	3 ans de prison pour A
B se tait	3 ans de prison pour B	1 an de prison pour A et B

Source : Thomas Guénolé.

Faute de pouvoir coopérer, pour obtenir la peine minimale d'un an en se taisant tous deux, les voleurs font le choix de dénoncer leur complice, pour éviter à coup sûr la peine maximale de trois ans. Ils sont donc tous les deux condamnés à deux ans de prison, alors que la peine aurait été moitié moindre s'ils avaient pu se concerter.

Ce scénario n'est en aucun cas purement théorique : en 1962, une situation de dilemme du prisonnier a failli faire basculer l'humanité dans la Troisième Guerre mondiale. À l'époque, les États-Unis d'Amérique avaient découvert que, un an après la tentative de débarquement militaire américain dans la baie des Cochons pour renverser Fidel Castro, l'Union soviétique était en train d'installer des missiles nucléaires à Cuba. Il s'en était suivi une escalade infernale, jusqu'au point où les deux armées se préparaient très concrètement à la guerre, où les deux marines se regardaient en chiens de faïence au large de l'île, et où les deux superpuissances braquaient l'une sur l'autre des ogives nucléaires. Douze ans après avoir été défini par un mathématicien canadien, le dilemme du prisonnier se posait donc dans le monde réel, avec pour enjeu le déclenchement d'une guerre nucléaire.

Le dilemme du prisonnier appliqué à la crise des missiles de Cuba

	Les États-Unis frappent les premiers	**Les États-Unis n'essaient pas de frapper les premiers**
L'URSS frappe la première	Guerre nucléaire	– Guerre nucléaire – Les États-Unis commencent le conflit en position très défavorable (ayant subi les premières frappes soviétiques)
L'URSS n'essaie pas de frapper la première	– Guerre nucléaire – L'URSS commence le conflit en position très défavorable (ayant subi les premières frappes américaines)	Maintien de la paix

Source : Thomas Guénolé.

À défaut de pouvoir coopérer, pour décider ensemble qu'aucun des deux ne frappera le premier, comme le prévoit la théorie des jeux, les États-Unis d'Amérique et l'URSS essaieront tous deux de frapper les premiers pour éviter de commencer la guerre nucléaire en position très défavorable, au cas où l'adversaire aurait décidé de frapper. Seule la détermination pacifique des dirigeants des deux superpuissances, John F. Kennedy et Nikita Khrouchtchev, sauvera l'humanité de cette catastrophe absolue. Ministre américain de la Défense à l'époque, Robert McNamara écrira : « Au bout du compte, c'est la chance qui nous a épargné la guerre nucléaire. Nous avons été *à ça* de la guerre nucléaire. Des acteurs rationnels – Kennedy, Krouchtchev, Castro – sont passés *à ça* de la destruction totale de leurs civilisations. »

En réalité, plutôt que la chance, ce fut la décision simultanée de Kennedy et de Khrouchtchev de se concerter, *via* des intermédiaires et des courriers, qui leur permit de coopérer contre les bellicistes de leur propre camp afin de trouver *in extremis* un compromis : Kennedy obtint le retrait des missiles soviétiques de Cuba et la certitude que Khrouchtchev soit le premier à reculer ; en contrepartie, Khrouchtchev obtint l'engagement américain écrit de ne plus réessayer d'envahir Cuba, ainsi que le retrait de missiles américains installés en Italie et en Turquie. En outre, puisque seule la possibilité de se concerter avait évité la guerre, Washington et Moscou décidèrent d'installer le célèbre « téléphone rouge » : une ligne téléphonique directe entre les dirigeants des deux superpuissances.

Appliquée aux relations internationales, la leçon fondamentale du dilemme du prisonnier peut donc se résumer à la formule du mathématicien John Forbes Nash, Jr. : « Le meilleur pour le groupe est atteint quand chacun dans le groupe fait le mieux pour lui-même et pour le groupe. » *A contrario*, la stratégie du « cavalier seul » de chacun porte en permanence les germes de la catastrophe pour tous.

Cette leçon s'applique au XXIe siècle pour la catastrophe écologique qui nous touche.

Pour une Organisation mondiale de l'écologie : une chance pour notre planète

En 2015 s'est tenue à Paris la COP 21. Elle a abouti à l'Accord de Paris sur le climat, qui sert encore aujourd'hui de feuille de route à tous les pays du monde quant à leurs objectifs et engagements pour limiter le réchauffement global. Mais que veut dire au juste « COP 21 » ? « COP » signifie « conférence des parties », en l'occurrence tous les États ayant signé la convention-cadre des Nations unies sur les changements climatiques, lors du sommet de la Terre de Rio, en 1992.

« 21 » signifie qu'il s'agissait, en 2015, de la vingt-et-unième conférence internationale de ce type.

Nous devons cependant aller plus loin que ce système des COP. Créons à sa place l'équivalent écologiste de l'Organisation mondiale du commerce (OMC) : l'Organisation mondiale de l'écologie (OME).

Comme l'Organisation internationale du travail dans son domaine, l'OME aurait dans le sien, l'écologie, le pouvoir d'adopter des normes internationales contraignantes pour tous ses États membres. Elle le ferait par des délibérations et des votes des ambassadeurs de ces mêmes États. Elle adopterait par exemple un calendrier d'abandon progressif de l'exploitation du charbon dans le monde, énergie fossile à l'origine d'importants rejets de gaz à effet de serre.

Comme l'OMC, l'OME aurait un pouvoir d'arbitre pour régler les litiges entre les États membres. Elle ordonnerait par exemple à un État de payer des réparations à un autre, parce que l'air de ce dernier est fortement pollué par les rejets de son industrie à lui.

Comme l'Agence internationale de l'énergie atomique, l'OME aurait un pouvoir d'inspection, par exemple pour vérifier que les usines de tel pays respectent bien les normes écologiques internationales, et adopterait des rapports publics d'examen du niveau de sérieux écologique des États membres, sur la base desquels prendre, le cas échéant, des sanctions.

De fait, comme le Conseil de sécurité des Nations unies, l'OME aurait le pouvoir d'adopter des sanctions internationales à l'encontre des pays n'honorant pas leurs engagements écologiques. Elle déciderait par exemple d'infliger à un pays l'interdiction de vendre les catégories de produits les plus polluantes à l'export pour non-respect de ses engagements.

Créons un gouvernement mondial des océans

En 2013, des représentants de la société civile de toute la planète lançaient l'Appel de Paris pour la haute mer. Constatant que l'espace maritime était devenu à la fois une zone de non-droit, de pollution massive et de pillage organisé des ressources, ce texte sommait les États du monde d'instaurer une gouvernance mondiale[9]. Puisque, dix ans plus tard, la situation n'a fait que s'aggraver, tirons-en les conséquences : étant donné qu'aucun État ne détient la souveraineté sur la haute mer, profitons-en pour la donner à l'OME.

Il s'agirait ainsi du tout premier gouvernement mondial de l'histoire de l'humanité, immédiatement souverain sur la moitié de la surface du globe. Cela se ferait sans violence ni conflit, puisque ces aires maritimes sont aujourd'hui totalement inhabitées par l'espèce humaine. Ce gouvernement mondial des océans aurait pour tâches la protection active des immenses espaces maritimes sous sa responsabilité, leur exploration scientifique et, surtout, la stricte réglementation des activités humaines en haute mer – dont le fret maritime, la pêche ainsi que l'exploitation minière des grands fonds. L'Assemblée des États membres de l'OME deviendrait le parlement compétent pour adopter les lois régissant la haute mer. Il élirait ce gouvernement mondial, par exemple sur proposition du secrétaire général de l'OME.

Par extension, l'OME serait également compétente pour récupérer, sous forme de concession territoriale, un territoire maritime écologiquement sinistré de n'importe quel État membre, afin d'en prendre soin à sa place. Cela aurait lieu en accord avec l'État membre concerné. L'Australie pourrait, par exemple, confier sous ce statut la Grande Barrière de corail à l'OME.

Une telle révolution dans la marche du monde n'a rien d'utopique : il suffirait d'un vote de l'Assemblée générale des Nations unies, à la majorité simple, pour reconnaître officiellement la souveraineté de l'OME sur la haute mer, puis de transférer à ce gouvernement l'Organisation maritime internationale, et une partie de l'administration du Programme des Nations unies pour l'environnement, pour qu'il soit rapidement opérationnel.

Réponse à la hauteur de l'urgence écologique océane, que nous aborderons dans un prochain chapitre, la naissance de ce tout premier gouvernement mondial de l'humanité créerait également un précédent positif. Il deviendrait dès lors concevable, chaque fois qu'une portion du monde ou de l'espace échappe aux États, de la confier à ce gouvernement de toute l'humanité. À rebours des grands replis identitaires et xénophobes qui sont la triste marque de notre siècle, ce serait là, pour les très nombreux êtres humains qui se sentent citoyens du monde, une immense source d'espérance.

2.

Sauvons les mers et les océans

Vous allez voyager dans le pays des merveilles.

Le capitaine Nemo,
dans *Vingt Mille Lieues sous les mers*,
Jules Verne

Plus que tout autre enjeu écologique, le saccage des océans, des mers et des montagnes est une souffrance personnelle, car je suis un enfant des grandes marées et des torrents de montagne.

J'ai grandi dans le massif de l'Estérel, puis sur la Côte d'Azur et dans le massif du Mercantour. Enfant, puis adolescent, j'ai passé tous mes étés sur les côtes bretonnes du Pays pagan, dans le nord du Finistère, dont je suis originaire par mon père. Devenu à mon tour père de famille, j'ai installé mes quartiers d'été sur la petite île bretonne d'Ouessant et je retourne randonner dans le Mercantour aussi souvent que possible.

J'aime d'un amour sincère, fidèle, profond, que je ne saurais expliquer, les grands rochers granitiques fracassés par les vagues, le murmure délicat des ruisseaux de haute altitude, l'odeur piquante et suave de l'eau salée sur la peau, le bruissement calme des grands torrents.

Parce que je suis un enfant des mers et des torrents, leur saccage m'est une blessure.

Stoppons le saccage des océans, des mers et des glaces

La surpêche constitue de nos jours le principal moteur de l'extinction de masse de la vie dans les océans[1]. Un tiers des espèces marines pêchées le sont par surpêche, c'est-à-dire avec une telle intensité que leur peuplement ne peut plus se reconstituer[2]. Le poids total des poissons et des mammifères marins s'est effondré de 60 % par rapport à son niveau du début du XIXe siècle[3].

Les activités humaines déversent chaque année plus de neuf millions de tonnes de déchets plastiques dans l'océan[4], où s'accumulent déjà environ 90 millions de tonnes de déchets et débris[5]. La présence de particules de plastique dans l'organisme des poissons, des crustacés, des oiseaux marins est devenue un phénomène massif et mondial : le corps d'environ 90 % des oiseaux marins contient des débris plastiques[6].

Plus de 80 % des déchets plastiques mondiaux ne sont pas recyclés

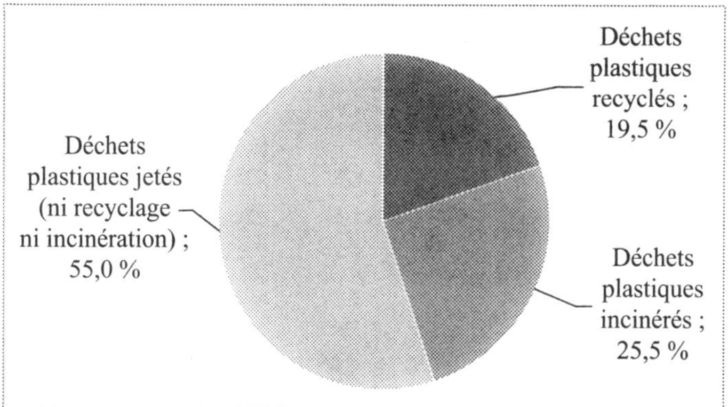

Source : *Our World in Data.*

Quatre millions d'êtres humains vivent dans l'Arctique, par exemple au Groenland ; 65 millions dans des petits pays insulaires pauvres, comme l'île Maurice ; 670 millions d'êtres humains en haute montagne, qu'il s'agisse des Alpes, de l'Himalaya ou des Rocheuses américaines, et 680 millions le long de côtes à faible élévation, comme ma Bretagne d'origine. Si l'on y ajoute les répercussions sur les réserves d'eau potable, le climat, la pêche, l'agriculture, l'économie des sports d'hiver, le tourisme, la préservation de la diversité culturelle, les personnes affectées par la catastrophe écologique marine et glacière se comptent en milliards.

En raison du réchauffement global, les océans et les mers deviennent plus chauds. Dans les montagnes, les régions boréales et la toundra, les grands incendies, jadis rarissimes, sont de plus en plus fréquents. Les glaciers et les calottes glaciaires fondent, entraînant une élévation du niveau de la mer. Les phénomènes météorologiques côtiers extrêmes, tels que les ouragans, les cyclones, les tempêtes ou les pluies diluviennes, sont de plus en plus intenses et fréquents. Dans toutes les régions du monde, des côtes s'érodent ou s'écroulent.

À force d'absorber de plus en plus de CO_2, du fait des activités humaines, les océans deviennent de plus en plus acides. La chimie des océans et des mers est profondément bouleversée par cette acidification et ce réchauffement, ce qui provoque l'extinction en masse de la faune et de la flore marines. 90 % des océans tropicaux et subtropicaux sont d'ores et déjà vides de toute vie, et plus de la moitié des récifs coralliens sont menacés de disparaître à l'horizon 2050.

Le niveau de la mer s'est déjà élevé de 15 centimètres au cours du XXe siècle. Il monte actuellement deux fois plus vite. Si l'on suit nos trajectoires actuelles d'émissions de gaz à effet de serre, la hausse dépassera probablement 1 mètre d'ici 2100. Cette élévation du niveau de la mer a pour effet de faire augmenter l'ampleur des grandes marées et des tempêtes. Elle aggrave et rend beaucoup plus fréquentes les grandes inondations. Partout sur la planète, les villes côtières, les îles, les archipels sont en train de devenir inhabitables.

En Europe, en Afrique de l'Est, dans les Andes, en Indonésie, les glaciers perdront au moins 80 % de leur masse actuelle avant la fin du siècle en cours. La fonte des glaciers, des neiges et des glaces provoque de plus en plus de glissements de terrain, d'avalanches, de chutes de pierres et d'inondations. Le recul des glaciers de montagne abaisse la disponibilité et la qualité de l'eau en aval, au détriment de l'agriculture, de l'hydroélectricité et des communautés humaines montagnardes.

Le pergélisol, immense étendue de sol gelé située dans les régions polaires, notamment sibériennes, et en haute altitude, commence à fondre. Si nos émissions de gaz à effet de serre se maintiennent, près des trois quarts de sa surface disparaîtront. Or, il contient près du double du CO_2 aujourd'hui présent dans l'atmosphère de la Terre ainsi que de très vastes quantités de méthane, autre gaz à effet de serre. Le dégel du pergélisol constitue par conséquent une gigantesque et potentielle « bombe climatique[7] ».

L'heure est grave. Nous devons agir.

Oui à la pêche écologique : le modèle sud-africain

Philippe Cury est océanographe. À 65 ans, il a derrière lui une longue carrière de biologiste marin, expert de l'étude de la pêche. Consacrer sa vie à la faune marine allait de soi depuis son plus jeune âge. « Quand j'avais 10 ans, j'avais chez moi une quinzaine d'aquariums, se souvient-il. J'aime les poissons, c'est aussi simple que ça. »

Il se souvient également de sa première expérience directe de la catastrophe écologique dans les océans :

— C'était dans les années 1980, j'étais jeune chercheur. Avec un confrère physicien, j'avais constaté que les poissons pélagiques…

— Les quoi ?

— Les poissons pélagiques, répète le biologiste. Ceux qui vivent dans des eaux proches de la surface : thon, sardine, hareng… Un tiers des prises de la pêche dans le monde. Donc, ce confrère physicien et moi avions repéré que les ressources en poissons pélagiques devenaient très instables. Rétrospectivement, nous ne le savions pas encore, mais c'était l'un des premiers signes de la crise écologique. Nous avions sous les yeux une très forte déstabilisation des populations de poissons à cause de la perturbation des écosystèmes marins.

— J'ai lu que les gros poissons forment ensemble un gigantesque capteur de CO_2, et que leur surpêche fait donc monter le taux de CO_2 dans les océans. Pouvez-vous m'expliquer ce phénomène ?

— C'est le cycle marin du carbone. Les phytoplanctons font de la photosynthèse, comme les plantes. Ils sont mangés par des poissons minuscules, eux-mêmes mangés par plus gros qu'eux, et ainsi de suite jusqu'aux gros poissons et mammifères marins, en bout de chaîne alimentaire. Si ces derniers ne sont pas pêchés par l'espèce humaine, ils meurent de leur belle mort, ils coulent en haute mer, et leurs dépouilles ne remontent pas. C'est donc du carbone capturé, qui ne polluera ni l'océan ni l'atmosphère. Une seule baleine renferme par exemple 33 tonnes de carbone.

— Donc, en plus de détruire la biodiversité marine, la surpêche détruit un grand aspirateur naturel de CO_2 ?

— Voilà.

Je lui demande s'il est possible d'arrêter la surpêche.

— Absolument. Le gros problème, c'est le chalutage. Les bateaux traînent au fond de la mer d'énormes chaluts, qui consomment une tonne de gazole par jour, massacrent les gros poissons, les algues et la biodiversité.

— En supposant qu'on ne choisisse pas le végétarisme et qu'on continue donc de manger du poisson, peut-on remplacer la surpêche par des méthodes écologiques ?

— Oui. J'ai beaucoup travaillé sur cette question. La solution porte le nom « d'approche écosystémique de la pêche » (AEP), qui consiste à étudier un écosystème marin en prenant tout le système en compte : la chaîne alimentaire locale dans son ensemble, les migrations d'oiseaux marins, l'impact du réchauffement global, etc. À partir de ces données, on détermine des quotas de pêche pour chaque espèce, calculés finement pour ne pas casser la chaîne alimentaire et pour que les effectifs de toutes les espèces se reconstituent de manière stable. Dans les cas extrêmes, les écosystèmes trop fragiles, on ne fait pas de quotas : on crée des réserves marines protégées où la pêche est interdite.

— L'AEP est-elle déjà appliquée quelque part ?

— Bien sûr ! Par exemple en Afrique du Sud, depuis plus de vingt ans, avec d'excellents résultats en matière de préservation de ses écosystèmes marins. Dites-moi, avez-vous interrogé Daniel Pauly sur ces sujets ?

L'un des plus grands biologistes marins au monde.

— Non, avoué-je.

— Vous devez l'interroger. Allez-y de ma part, c'est un ami.

Payer les pêcheurs pour nettoyer les mers

Daniel Pauly, 76 ans, Français et Canadien, est biologiste marin et halieute, c'est-à-dire expert de la pêche. Né à Paris après la Seconde Guerre mondiale, il est le fils d'un soldat américain qui ne s'est jamais occupé de lui et d'une mère ouvrière qui, quand il avait 3 ans, l'a confié à un couple suisse. Parti dès qu'il l'a pu en Allemagne, il y a passé son baccalauréat après des cours du soir, puis est allé faire ses études universitaires à Kiel.

— J'étais très mal à l'aise en Europe, me confie-t-il. Je voyais bien que ma couleur de peau posait problème. J'en avais assez que tous les jours des gens me demandent d'où je venais. Alors j'ai décidé de partir dans un pays du tiers-monde, où ma couleur de peau ne serait plus un sujet. Mes études allemandes devaient me servir à apporter quelque chose au pays où je m'installerais. J'ai donc opté pour des études d'agronomie parce que, dans les pays du tiers-monde, les gens sont généralement des paysans. Mais, au premier semestre, les cours étaient assurés par d'anciens nazis. Pas des nazis « théoriques », d'authentiques anciens dignitaires nazis. Nous étions vingt ans après 1945. C'était désagréable et puis, matériellement, je n'avais pas de bourse. En océanographie, il n'y avait pas d'enseignants anciens nazis et on donnait aux étudiants des petits boulots pour joindre les deux bouts. C'est comme ça que je me suis retrouvé dans ce département. L'halieutique, c'est l'agronomie de la mer, donc ça revenait au même pour mon projet d'installation. Et ça a marché : j'ai passé vingt ans dans les pays tropicaux, surtout aux Philippines.

Je lui demande quelle est, selon lui, la chose la plus urgente à faire pour arrêter la catastrophe écologique marine. Sa réponse fuse immédiatement :

— Il faut arrêter la pêche au chalut. Elle fout tout en l'air : la faune, la flore, les écosystèmes… Et il y a une façon très simple d'abolir le chalutage. Figurez-vous que la pêche intensive n'est plus rentable depuis des années. Elle ne tient que grâce aux subventions. Il suffit donc de couper les subventions pour que la surpêche s'arrête et que les stocks de poissons se reconstituent. Dans un monde idéal, il faudrait même que les pêcheurs arrêtent régulièrement leurs activités pour faire autre chose, le temps que les écosystèmes s'autorégulent paisiblement.

— Un peu comme les terres agricoles qu'on laisse en jachère ?

— En quelque sorte, oui. Quand les stocks de poissons baissent, c'est la nature qui dit aux pêcheurs : « Faisons une pause, j'ai besoin de souffler. » Il faut aussi des vrais parcs naturels marins, et pas des parcs en papier.

— Des « parcs en papier » ?

— *Paper parks*. C'est ainsi qu'on appelle en anglais les parcs naturels qui ne sont pas réellement surveillés, et qui n'ont donc de zones protégées que le nom.

— Vous avez un exemple ?

— Toutes les aires marines protégées d'Europe. Elles ne protègent rien. La mortalité marine par pêche est même plus élevée dans ces aires marines protégées qu'ailleurs, et ce dans toute l'Europe. Cherchez l'erreur.

— Comment l'expliquez-vous ?

— Les lobbies de la pêche sont plus forts que les lobbies écologistes. Résultat : on a en Europe des aires marines protégées avec des permis de pêche au chalut. Et le chalutage, en matière de protection de l'environnement, c'est comme chasser au bazooka.

Tandis que je visualise un chasseur armé d'un bazooka, Daniel Pauly poursuit :

— Il y a des programmes d'écologie marine qui ont très bien fonctionné en mer Baltique : payer les pêcheurs pour qu'ils aillent ramasser les déchets plastiques en mer, les filets de pêche abandonnés et perdus, les déchets venus des terres. Agir sur les stocks de déchets ne suffit pas ; il est aussi indispensable d'agir sur les flux. Il faut purement et simplement interdire les emballages en plastique, grâce à une réglementation nationale et internationale.

Il me vient une idée en l'écoutant, que je décide de lui soumettre :

— Professeur, et si on utilisait tout l'argent des subventions aux pêcheurs pour leur payer un salaire de nettoyeurs des mers ? Cela ne coûterait pas plus cher aux gouvernements, arrêterait tout de suite la pêche intensive, permettrait quand même aux pêcheurs de vivre d'un travail en mer, et laisserait la faune et la flore des mers se reconstituer.

— Ah ça, sourit le biologiste, ce serait le paradis.

Une alternative écologique : les plastiques biodégradables

Il ne suffit pas de collecter les déchets plastiques marins. Il faut traiter le problème à la source : la production de déchets plastiques par les activités humaines. L'on trouve du plastique absolument partout : dans les vêtements et dans les emballages, dans tout ordinateur, dans n'importe quel ballon de sport... Aujourd'hui, parce que notre plastique est généralement dérivé du pétrole, il pollue l'océan, sa faune et sa flore. Il existe cependant une alternative écologique : les bioplastiques.

Il s'agit de plastiques fabriqués à partir de plantes et de matières premières renouvelables. Contrairement aux plastiques tirés du pétrole, ils sont biodégradables. Le premier plastique de l'histoire, le celluloïd, inventé au milieu du XIXe siècle pour servir de substitut aux boules de billard en ivoire, était d'ailleurs un bioplastique – hélas très inflammable. De nos jours, les bioplastiques les plus courants sont l'acide polylactique (PLA) et le monoéthylène glycol (MEG). Le PLA, qu'on tire de l'amidon de maïs, sert à fabriquer des emballages alimentaires. Quant au MEG, il entre à 30 %

dans la composition des bouteilles plastiques partiellement végétales.

Les bioplastiques ne pèsent cependant aujourd'hui que 1 % du total du plastique produit dans le monde[8]. Un programme international concerté de conversion progressive de l'industrie plastique est donc nécessaire.

La permaculture marine ou la reforestation des mers

Comme le phytoplancton, les algues géantes (kelp, varech, etc.) se nourrissent du CO_2 présent dans l'eau et dans l'atmosphère pour fabriquer par photosynthèse la matière organique végétale qui leur permet de se développer. Les algues géantes forment ainsi d'impressionnantes forêts sous-marines. Ces paysages me sont très familiers, à force de pratiquer la plongée dans des forêts de varech sur l'île bretonne d'Ouessant. Leur beauté paisible, leur luxuriante immensité vous coupent le souffle.

Les nutriments nécessaires à la vie marine se trouvent dans les eaux profondes, qui sont froides. Au contact des eaux de surface, plus chaudes, elles remontent, et avec elles leurs nutriments, faisant prospérer la chaîne alimentaire. Or le réchauffement des océans et des mers augmente excessivement la température des eaux de surface, ce qui ralentit la remontée des eaux profondes, d'où un appauvrissement en nutriments et la raréfaction du phytoplancton et des algues géantes, et au-delà de toute la vie marine, ainsi que l'aggravation de la concentration de CO_2 dans l'eau de mer et de son acidité.

La Climate Foundation, dirigée par Brian Von Herzen, a mis au point un programme de permaculture marine pour briser ce cercle vicieux et engager, au contraire, une grande reforestation des mers. En haute mer, à 25 mètres de profondeur et donc à l'abri du trafic maritime, on installe un grillage de tubes destinés à servir de tuteurs pour des algues géantes. En surface, attachées à ces grillages, des bouées alimentent en énergie des pompes du simple fait de leur flottaison et de la houle. Ces pompes font remonter vers les eaux de surface des eaux profondes riches en nutriments. Le cercle vertueux s'enclenche : les nutriments permettent au phytoplancton et aux algues géantes de se développer, ce qui nourrit crustacés et petits poissons (les « poissons fourrage »), qui eux-mêmes nourrissent des poissons plus gros, et ainsi de suite jusqu'aux grands poissons, d'où l'apparition d'un écosystème marin complet et viable[9]. Cette méthode a déjà été testée avec succès au large des Philippines. Il nous reste à la développer massivement.

Cultiver des potagers marins

Cultiver des algues dans des fermes marines présente de nombreux avantages. Les algues poussent très vite – le kelp peut croître de plus de 3 mètres en l'espace d'un trimestre – et dans toutes les directions, de sorte qu'elles utilisent au maximum la surface sous-marine leur étant dévolue. Elles sont très riches en nutriments et donc bien plus nourrissantes que des légumes issus de l'agriculture chimique intensive sur des terres fatiguées, par exemple. Accessoirement, la gastronomie de plusieurs pays d'Asie, en particulier la Chine et le Japon, a prouvé de longue date que la cuisine aux algues peut être délicieuse.

Le potentiel alimentaire des fermes d'algues est colossal. Il permettrait à lui seul de soulager les terres arables en train d'être épuisées par l'agriculture intensive. Selon les calculs de Ronald Osinga, chercheur à l'université de Wageningen (Pays-Bas), un réseau mondial de potagers marins s'étendant sur 180 000 kilomètres carrés fournirait suffisamment de protéines pour satisfaire l'intégralité des besoins de l'espèce humaine[10].

Restaurer les tourbières et les marais

Les tourbières, ces étendues très humides de mousses mortes décomposées en tourbe, ne représentent que 3 % de la surface terrestre, mais captent à elles seules un tiers du CO_2 piégé dans les sols[11]. On n'en parle jamais dans les débats sur les meilleures façons d'aller retirer des gaz à effet de serre de l'atmosphère. Elles capturent pourtant de nos jours le double du carbone absorbé par les forêts du monde entier[12].

Leur préservation sous la forme de parcs naturels est donc d'intérêt écologique. C'est ce que fait l'Irlande, par exemple : l'Irish Peatland Conservation Council se charge ainsi à la fois de récupérer de tels terrains pour en faire des zones protégées, d'y développer la recherche scientifique et de faire visiter des tourbières à des groupes scolaires afin de sensibiliser les jeunes générations à leur protection.

Le déni du rôle écologique des marais (et des mangroves) prend quant à lui des proportions pires encore. Leur odeur désagréable pour les narines humaines, l'omniprésence des moustiques, plusieurs millénaires de dangerosité sanitaire posée à l'humanité par les marais contribuent à ce que nous les considérions, aujourd'hui encore, comme des zones insalubres et nuisibles. Les marais sont pourtant des puits de carbone d'une puissance gigantesque, similaire à celle des tourbières. Ils ne couvrent que 1 % de la surface terrestre, mais stockent plus de 20 % du CO_2 absorbé par les écosystèmes dans le monde. La capture de CO_2 par un mètre carré de marais représente même le quintuple de ce que capture 1 mètre carré de forêt, et 500 fois le stockage par un mètre carré d'océan. Or, à force de drainage agricole et d'exploitation industrielle du bois, la surface totale des marais recule de 1 % par an et participe ainsi à 5 % des rejets annuels de CO_2 dans l'atmosphère.

En 2022, une étude scientifique internationale a conclu que l'utilisation de techniques d'imitation de la nature – le *géomimétisme* – peut arrêter ce recul des marais et même renverser la dynamique, de sorte que la superficie planétaire de ces très puissants capteurs de carbone puisse augmenter chaque année[13].

Renverser la vapeur est donc une affaire de volonté politique de la part des gouvernements.

3.

Reforestation

Détruire la forêt vierge pour en tirer un profit économique, c'est comme brûler un tableau de la Renaissance pour faire la cuisine.

Edward Osborne Wilson,
biologiste et père du concept
de biodiversité

À l'aide de la photosynthèse, les végétaux absorbent du gaz carbonique présent dans l'atmosphère et le transforment en composés organiques tels que le bois, l'écorce, les feuilles. Selon le GIEC, les forêts accomplissent ainsi à elles seules environ un quart de l'absorption du CO_2 dans l'atmosphère. Le GIEC estime que de 10 à 20 % des émissions annuelles de ce gaz à effet de serre ont pour cause la déforestation et la dégradation des forêts. Une fois ce constat posé, nous devons non seulement arrêter la déforestation, mais aussi accélérer la reforestation de la Terre.

Nous avons détruit un tiers des forêts

Les forêts recouvrent aujourd'hui un peu moins d'un tiers des terres émergées de la planète. Leur pouvoir de « puits de carbone » est tel qu'entre 2001 et 2019, elles ont absorbé une quantité nette de CO_2 équivalente à une fois et demie les rejets des États-Unis d'Amérique, deuxième plus gros émetteur mondial, durant la même période[1].

En réduisant la surface de ce « puits », la déforestation aggrave donc considérablement l'effet de serre et, partant, le réchauffement global. Elle contribue également à l'extinction de masse de la vie sur Terre, puisque les forêts forment de très loin le principal vivier de la biodiversité[2].

L'Amazonie, plus grande forêt au monde, deux fois plus vaste que l'Inde, est surnommée le « poumon vert de la planète ». Si tel est le cas, il faut s'imaginer un poumon mutilé, que les activités humaines amputent chaque jour un peu plus. La déforestation avance à grands pas, convertissant des terres forestières en terres agricoles, essentiellement consacrées au pâturage[3]. Symbole de la gravité du problème, le chantier de la Transamazonienne, autoroute pharaonique, continue de progresser dans la jungle tel une plaie béante. Comparée à son état avant que sa destruction commence, la forêt a déjà perdu environ 17 % de sa surface totale. Au seuil de 25 %, un point de bascule devrait être atteint, provoquant une réaction en chaîne de l'écosystème, qui transformera de vastes portions de l'Amazonie en savanes[4].

Les activités humaines ont fait chuter la surface totale des forêts sur Terre d'un tiers en 10 000 ans. La moitié de cette destruction s'est déroulée depuis l'année 1900[5]. De nos jours, la déforestation détruit une surface forestière de 10 millions d'hectares chaque année : l'équivalent de la surface de l'Islande.

Il est plus que temps de nous mobiliser pour la forêt et d'agir.

L'enfant pêcheur devenu prospectiviste en écologie

Pierre Gilbert a 28 ans. Il est prospectiviste en risques écologiques et ressemble à Peter O'Toole jeune. Ses deux parents sont ingénieurs. Fan du *Seigneur des anneaux* et des poèmes d'Aragon, il a grandi en Normandie et passé son adolescence à Paris, avant de faire ses études à Sciences Po Grenoble, en double diplôme avec Polytech Grenoble. Il se souvient très bien de sa première expérience de la catastrophe écologique mondiale. « Comme tous les gosses du coin, j'allais pêcher dans les petites mares à marée basse, me raconte-t-il. J'en retirais beaucoup de petits poissons, des gobies. Puis ça s'est arrêté net quand j'avais 9 ou 10 ans, je me rappelle très bien qu'en quelques années il n'y avait plus rien. Tous les étés, j'allais aussi chez ma grand-mère, dans le Piémont, en Italie. Quand j'étais gosse, c'était bourré de truites, de libellules, de couleuvres. C'était la folie pour un petit garçon, j'allais au torrent, je m'éclatais. Aujourd'hui, il n'y a plus rien. »

Le choc et la tristesse ont infusé. Une fois étudiant, il a commencé à se passionner pour les enjeux de l'effondrement écologique, au point d'en faire son métier comme prospectiviste. En 2020, il a publié *Géomimétisme*[6], un livre proposant d'imiter la nature pour reconstituer des forêts d'arbres, des zones humides, des forêts d'algues, et plus largement l'ensemble des puits naturels de carbone. Autrement dit : il s'agit pour lui, en quelque sorte, de ressusciter la faune et la flore de son enfance.

Je suis donc allé à sa rencontre pour parler de reforestation.

— Plus de la moitié de l'excédent de gaz carbonique qu'on a produit depuis la révolution industrielle a déjà été captée par la végétation et les océans[7], m'explique-t-il. Pour l'essentiel, le carbone capturé se transforme en matière organique végétale. La reforestation, que ce soit en laissant les forêts s'étendre ou en replantant nous-mêmes des arbres, permet de rendre cet effet « puits de carbone » des forêts encore plus puissant, tout simplement en augmentant la surface forestière totale. Elle aide aussi à ralentir l'extinction de masse des espèces, puisque 80 % de la biodiversité sur Terre se trouve dans les forêts.

Après cette rencontre, je creuse le sujet de la biodiversité forestière. Je découvre ainsi d'autres chiffres étonnants. Par exemple, en préservant ses forêts, le Costa Rica réussit l'exploit écologique d'abriter à lui seul 5 % de la biodiversité mondiale alors qu'il ne représente que 0,03 % des terres émergées.

— Au Sahel, faire pousser des forêts coûte 250 dollars l'hectare, soit 50 cents par arbre, poursuit Pierre Gilbert. Dans un pays riche, par exemple la France, il faut compter entre 5 et 10 euros par arbre planté. Sachant que, en moyenne, la moitié du poids du bois des arbres est du carbone pur, on peut donc estimer qu'en investissant 5 euros on capte 3 tonnes de carbone durant 30 ans environ rien qu'avec la partie de l'arbre qui pousse à l'air libre – le sol capte encore plus. À titre de comparaison, les grandes usines de géo-ingénierie pour aller capturer artificiellement du CO_2 dans l'atmosphère coûtent entre 600 et 1 000 dollars pour 1 tonne capturée. Donc, il est évident qu'il faut miser sur la reforestation, et non sur la géo-ingénierie.

Je lui demande *in petto* quelle surface totale on peut reforester sur Terre. Sa réponse me stupéfie : « L'École polytechnique de Zurich a fait des modélisations intéressantes. En gros, ces dernières nous disent que l'on peut reforester l'équivalent de la surface totale de l'Amérique du Sud[8], *a fortiori* dans les régions semi-désertifiées. »

La « leçon » de Pripyat en Ukraine : on peut reforester presque n'importe où

Les capacités d'adaptation des arbres, dans toute leur diversité, sont si grandes que tout terrain n'étant aujourd'hui ni habité ni exploité par l'être humain peut être reforesté. C'est vrai des terres agricoles délaissées, des terrains vagues, des exploitations minières abandonnées, des friches industrielles ou encore des hameaux fantômes dépeuplés par l'exode rural.

La meilleure preuve de la capacité des forêts à se développer quasiment n'importe où, pour peu qu'on les laisse faire, est le cas célèbre de Tchernobyl, en Ukraine. Après l'accident nucléaire de 1986, la ville voisine de Pripyat, peuplée d'un peu moins de 50 000 habitants, a été intégralement évacuée par les autorités de l'époque. Elle est restée inhabitée depuis. Devenue ville fantôme, elle a vu petit à petit la forêt réinvestir tout l'espace urbain. Le macadam des rues, la grande roue du parc d'attractions, des pans entiers d'immeubles, ce qui était autrefois de simples pelouses ou encore la totalité du terrain du stade Avangard : tout est aujourd'hui envahi d'arbres immenses, voire enseveli sous eux.

Il s'agit là bien sûr d'un cas extrême de reforestation naturelle d'un espace abandonné par l'humanité. Pripyat prouve cependant que n'importe quel terrain, même urbain, même encore radioactif, peut accueillir un programme de reforestation. Il suffit que le terrain ne soit ni habité ni exploité par notre espèce.

Qu'est-ce que la reforestation ?

La reforestation ne présente pas d'obstacle technique particulier. L'humanité maîtrise de longue date ses procédés. Le plus courant consiste à récolter des graines, puis à les semer sous serre dans une pépinière afin de faire pousser des arbrisseaux, pour les planter, une fois adultes, sur le terrain destiné à être reforesté. À ce travail s'ajoute la post-plantation, c'est-à-dire l'entretien, jusqu'au stade où la forêt fonctionne suffisamment bien en tant qu'écosystème, et n'a donc plus besoin d'être supervisée. « Il faudrait simplement des investissements massifs pour avoir beaucoup plus de pépinières qu'aujourd'hui », observe Pierre Gilbert.

Pour réussir, la reforestation doit utiliser des espèces forestières et florales locales, *modulo* l'impact du réchauffement global. Par exemple, si la région est traditionnellement riche en eucalyptus, des arbres extrêmement inflammables, mais également de plus en plus touchée par les méga-incendies caniculaires, mieux vaut écarter cette espèce bien qu'elle soit indigène.

La reforestation doit en outre éviter la monoculture. Planter uniformément la même espèce forestière sur une vaste étendue pose en effet au moins deux problèmes. D'une part, la monoculture rend terriblement rapide la propagation des parasites, puisque ces derniers sont d'emblée adaptés à toute la forêt ; l'invasion de scolytes et de bostriches dans les forêts d'épicéas d'Europe centrale et des Vosges en témoigne. D'autre part, la vie en général, végétale et animale, s'épanouit dans une forêt à mesure de la diversité des espèces qui la peuplent. Autrement dit, plus il y a de diversité, plus il y a de vie et, *a contrario*, plus la forêt est uniforme, moins il y en a. C'est d'ailleurs la raison pour laquelle, dans plusieurs régions de France, le boisement uniforme à perte de vue a donné à des collines entières l'aspect sinistre d'une armée de pylônes sur des sols déserts. « Il ne faut surtout pas confondre la reforestation avec le boisement, m'a d'ailleurs expliqué Pierre Gilbert. Quatre-vingts pour cent des arbres plantés en France, c'est de la monoculture. C'est de la sylviculture intensive, c'est du boisement, c'est faire du bois, mais ce n'est pas faire de la forêt. »

La reforestation doit également faire preuve de vigilance envers les espèces invasives. Le bambou, par exemple, pousse très rapidement et très facilement sur une grande variété de terrains. Il autorise donc des programmes de reforestation très ambitieux à la fois en matière de surface et de rythme. Mais c'est aussi une espèce invasive, qu'il faut donc surveiller comme le lait sur le feu pour que le terrain ne devienne pas vierge d'autres formes de vie végétale. Un atlas mondial, mis au point par l'université du Dakota du Sud, l'Union internationale pour la conservation de la nature et le World Resource Institute, donne une idée des immenses possibilités existantes de restauration des forêts. Il permet de prendre la mesure des territoires susceptibles d'être reforestés, aussi bien sous forme de grandes forêts que sous celle de petites parcelles forestières « en mosaïque ». À titre d'exemple, dans cet atlas, la quasi-totalité de l'est des États-Unis d'Amérique peut être reforestée.

Reforester la Terre est à la fois écologique et économiquement rentable. Prenons l'objectif de 350 millions d'hectares reforestés, fixé par la communauté internationale en 2011 lors du Défi de Bonn, soit l'équivalent de la taille de l'Inde. Selon l'Union internationale pour la conservation de la nature, cette nouvelle surface forestière capturerait 1,7 gigatonne de CO_2 par an, c'est-à-dire un peu plus que les émissions annuelles de la Russie, quatrième plus gros émetteur mondial. Elle susciterait par ailleurs 170 milliards de dollars de bénéfices nets, entre autres grâce aux produits forestiers.

Payer les pays pauvres pour reforester : le programme REDD+

Le mécanisme de coopération mondiale des États pour reforester la Terre existe déjà. Il s'agit du programme REDD+, acronyme pour « Réduire les émissions de CO_2 provenant de la déforestation et de la dégradation des forêts », piloté par les Nations unies et mis en place depuis 2005. Les pays riches versent des aides aux pays émergents et aux pays pauvres afin que ces derniers ralentissent chez eux la déforestation, la compensent en reforestant ou en préservant les forêts qui leur restent en en faisant des zones protégées.

Ce mécanisme crée une incitation financière pour ces pays à prendre des mesures concrètes. Par exemple, en 2017, l'Éthiopie a rejoint vingt autres pays d'Afrique dans un immense projet forestier, l'African Forest Landscape Restoration Initiative, destiné à reforester d'ici 2030 une surface équivalente à celle de l'Égypte. Deux ans plus tard, l'Éthiopie a annoncé avoir établi le nouveau record du monde de reforestation : plus de 350 millions d'arbres plantés en une demi-journée.

REDD+ va manifestement dans la bonne direction. Son financement total demeure cependant beaucoup trop faible au regard du besoin mondial. Pour en arriver au stade de la reforestation nette, et non d'une simple déforestation ralentie, une augmentation budgétaire massive est requise.

Parcs naturels forestiers : le modèle colombien

Accorder à une forêt le statut de zone protégée, à laquelle ni la chasse ni l'agriculture nc peuvent porter atteinte, est sans doute la méthode la plus évidente pour enrayer la déforestation.

La Colombie est pionnière dans ce domaine. Là où se touchent l'Amazonie, les Andes, l'Orénoque et la Guyane, le parc national de la Serranía de Chiribiquete abrite plusieurs milliers d'espèces animales et végétales, dont des espèces rares et menacées de jaguars, de loutres géantes et de singes laineux. En 2018, répondant à une longue mobilisation des activistes écologistes autochtones et de grandes ONG, les autorités colombiennes ont décidé d'augmenter sa surface de plus de 50 %. Désormais d'une superficie similaire à celle de l'Irlande du Nord, Chiribiquete est devenu la plus grande forêt primaire (ou « forêt vierge ») protégée du monde, inscrite la même année au patrimoine mondial de l'humanité par l'Unesco.

Yacouba Sawadogo : l'homme qui a arrêté le désert

Le nord du Burkina Faso appartient à la bande du Sahel, zone intermédiaire semi-aride entre le désert du Sahara au nord et la savane au sud. Yacouba Sawadogo, un fermier burkinabé, est

« l'homme qui a arrêté le désert ». Dans les années 1970, alors que la région s'enlise dans plus de dix années de sécheresse, d'où une sévère désertification et, par conséquent, une famine épouvantable, il décide d'employer des techniques agricoles traditionnelles locales pour réhabiliter les sols. Le zaï, culture en poquet ancestrale, consiste à creuser des petits cratères dans le sol pour y semer des graines et y piéger diverses matières organiques et végétales. Les cordons pierreux, lignes de grosses pierres traversant les champs, permettent quant à eux de ralentir l'écoulement des eaux de pluie et de donner ainsi plus de temps à la terre pour l'absorber. En parallèle, et avec le soutien d'ONG telles qu'Oxfam, Yacouba Sawadogo crée dans son village des « journées du marché » bisannuelles, accueillant des volontaires de dizaines de villages environnants pour partager les semences, les techniques et les savoir-faire.

La communauté paysanne ainsi organisée est parvenue à développer en quelques décennies une petite forêt de 25 hectares, baptisée du nom de Bangr-Raaga (« forêt de la sagesse »). La désertification est purement et simplement arrêtée : dans un cercle vertueux, la présence de la forêt entraîne une forte réhumidification de la région, qui elle-même favorise l'épanouissement de la forêt, qui elle-même stabilise l'humidification.

Hélas, l'histoire tourne mal. Le gouvernement burkinabé décide d'octroyer cette forêt nouvelle à la ville voisine d'Ouahigouya, ne laissant qu'à peine 400 mètres carrés à Yacouba Sawadogo et à ses proches. Dans les années 2000, le fermier tente de récolter des fonds pour racheter la forêt, mais sa valeur foncière augmentant trop rapidement, il ne parvient jamais à réunir le montant requis. Suivant un scénario de type amazonien, au début des années 2010, les activités humaines s'approchent dangereusement de la forêt, et, à la fin de la décennie, elles commencent à la grignoter. Toutefois, *in extremis*, sous la pression des villageois, d'activistes et d'ONG, le gouvernement burkinabé finit par installer une clôture protectrice tout autour de la forêt afin de mettre fin à ce grignotage.

Cet exemple conduit à garder à l'esprit que derrière tout projet de reforestation, il y a potentiellement un conflit de pouvoir sur les terres. Ce problème ne se pose cependant pas dans le cas des terres inhabitées par l'être humain.

Transformer des terres agricoles abandonnées en forêts : l'exemple français

La transformation de forêts en terres agricoles n'a rien d'irréversible. La surface totale de terres agricoles abandonnées dans le monde est estimée à environ 400 millions d'hectares[9], soit deux fois la taille du Mexique. Il est possible de reforester des terres que l'agriculture humaine a délaissées, que ce soit après les avoir excessivement exploitées, parce que le réchauffement global a trop tari les récoltes, pour cause d'exodc rural ou encore par impossibilité pour les petits exploitants de rester compétitifs face à l'agriculture industrielle.

Cette approche existait déjà bien avant le début de la catastrophe écologique actuelle. Dès la seconde moitié du XIXe siècle, la France a ainsi appliqué un programme de restauration des terres de montagne déforestées, avec pour objectif la revitalisation des sols appauvris par le surpâturage. Les régions concernées étaient principalement les Alpes-Maritimes, les Cévennes et le sud-est du Massif central. L'initiative occasionna de durs conflits entre l'administration de la IIIe République et les communautés agropastorales locales. À titre d'illustration, entre 1880 et 1914, dans les seules Alpes-Maritimes, où j'ai grandi, environ 50 000 hectares de terres agricoles délaissées furent convertis en forêts. Après la Seconde Guerre mondiale, et jusqu'en l'an 2000, le Fonds national forestier fut consacré au financement de la plantation d'arbres dans tout le pays. L'enjeu n'était toujours pas la catastrophe écologique. Il s'agissait de développer massivement les capacités de production de bois du pays afin d'alimenter les industries nationales du papier et du carton. Deux millions d'hectares d'arbres furent ainsi plantés en France de 1946 à 1990[10].

Nous avons vu précédemment que la plantation d'arbres telle qu'elle se pratique en France pose un énorme problème de monoculture. Pour autant, sous réserve d'une diversité suffisante des arbres plantés, l'expérience française du reboisement prouve que de très vastes programmes de reforestation des terres agricoles délaissées sont possibles.

L'idée fait son chemin. En 2020, un travail de recherche scientifique a ainsi préconisé de développer considérablement la reforestation des terres agricoles abandonnées, au motif que, contrairement aux terrains qui restent habités ou cultivés, cet état d'abandon permet de les transformer en

« puits de carbone » sans risque d'oppositions politiques ou sociales[11].

Les mesures d'incitation financière à cette approche demeurent toutefois presque inexistantes de nos jours. Un effort international concerté, idéalement dans le cadre de REDD+, est à cet égard faisable, nécessaire et urgent.

4.

Végan power !

La question n'est pas « Sont-ils doués de raison *? », ni « Peuvent-ils* parler *? », mais bien « Peuvent-ils souffrir ? ». Pourquoi la loi devrait-elle refuser sa protection à un être sensible, quel qu'il soit ? Le jour viendra où l'humanité étendra son manteau protecteur sur tout ce qui respire.*

Jeremy Bentham,
philosophe anglais

La catastrophe écologique mondiale en cours est si grave que nous ne pouvons plus nous permettre de piocher, tel le héron de la fable de La Fontaine, entre les mesures d'urgence qui nous plaisent et celles qui nous déplaisent. Elle est si grave que *toutes* les mesures permettant à l'humanité de rejeter moins de gaz à effet de serre et de consommer moins de ressources naturelles doivent être appliquées. Or, il s'en trouve une à la fois très simple à comprendre et à mettre en œuvre d'un strict point de vue pratique : devenir végan.

En effet, si l'humanité cesse de consommer de la viande, du poisson et des laitages, une large part du problème écologique sera réglée. Je ne jette pas la pierre à celles et ceux qui mangent encore de la viande et du poisson, car je sais que ce changement de régime alimentaire n'est pas facile (au moins au début). Je le sais parce que j'éprouve moi-même des difficultés à devenir végan, alors que, du fait de mes convictions écologiques et de ma compassion envers la souffrance animale, je souhaite ardemment le devenir. À titre de comparaison, il m'a été beaucoup plus facile d'arrêter la cigarette, après avoir pourtant été fumeur pendant dix ans à hauteur d'un demi-paquet par jour.

J'ai d'abord constaté que je ne pouvais pas arrêter immédiatement les laitages – en particulier le fromage. Je suis ensuite devenu pleinement végétarien pendant un peu plus de six mois : je consommais des laitages et des œufs, mais je ne mangeais plus ni viande ni poisson. Enfin, à l'heure où j'écris ces lignes, je suis flexitarien : je consomme végan en m'autorisant, rarement, une incartade sous la forme d'un plat de viande, de poisson ou de fromage. J'ai toujours été un grand gourmand : si j'y arrive, vous le pourrez, vous aussi.

L214, une association lanceuse d'alerte sur la souffrance animale

Pour comprendre les enjeux du véganisme, je suis allé à la rencontre de Brigitte Gothière, Auvergnate d'adoption, cofondatrice de l'association de défense des droits des animaux L214. Ce sigle fait référence à l'article du Code rural français qui stipule que « tout animal étant un être sensible doit être placé par son propriétaire dans des conditions compatibles avec les impératifs biologiques de son espèce ».

Brigitte Gothière me raconte que son compagnon, Sébastien Arsac, petit-fils d'un éleveur laitier saigneur dans un village de Haute-Loire, c'est-à-dire l'homme qui tue les cochons pour les fermiers des environs, et d'un autre grand-père boucher et maquignon, c'est-à-dire marchand de bestiaux, a grandi dans un monde où l'abattage d'animaux est normal, voire familier. À 20 ans, elle et lui ont lu un roman graphique sur la vie du premier Bouddha, qui provoqua chez eux une véritable prise de conscience animaliste.

Dans une scène de cette œuvre, un moine médite dans la neige, dans un froid extrême. Il souffre. Deux moines véreux passent alors devant lui, portant sur leurs épaules un cochon mort attaché à un morceau de bois. Le moine réagit en songeant que son propre sort n'est finalement pas si terrible, comparativement à ceux que l'on sacrifie au bon plaisir des autres. Le jeune couple prend alors conscience que d'autres personnes ne consomment pas la chair des animaux pour ne pas les faire tuer. Pourquoi pas eux ? De quel droit tuons-nous des êtres sensibles pour s'en nourrir ? Ainsi naît L214, ONG devenue célèbre pour ses lancements d'alertes à l'aide de vidéos « choc » sur la souffrance animale dans l'élevage industriel.

— À l'époque, nous militions déjà pour des causes humanitaires, m'explique Brigitte Gothière. Puis nous nous sommes opposés à la chasse, à la corrida. Nous avons commencé à défendre la cause animale. Cinq ans plus tard, nous avons rencontré les créatrices et créateurs des *Cahiers antispécistes*. Nous avons découvert tout un univers de pensées, de philosophes, d'activistes, autour de la question animale. Nous avons ensuite fondé L214. Nous avons en ligne de mire un changement de paradigme : les animaux ne sont plus des biens à notre disposition, donc, ils ne sont plus de la nourriture. Nous avons deux axes pour faire bouger progressivement nos habitudes, nos coutumes, nos méthodes agricoles et alimentaires : faire cesser les pires pratiques envers les animaux et promouvoir une alimentation totalement végétale.

— Pour quelles raisons faut-il devenir végan ? demandé-je.

— La raison la plus évidente, c'est la souffrance et la mort qu'on inflige aux animaux. Qu'on a fait naître, qu'on a élevés, généralement dans des conditions assez atroces : huit animaux sur dix proviennent d'un élevage intensif où les conditions de vie sont abominables. Même problème pour les animaux aquatiques, qui souffrent en étant pêchés ou en subissant l'élevage intensif.

— Devenir végan pour faire reculer la souffrance animale, donc ?

— Voilà. Et, au-delà, on se rend compte que le niveau de production et de consommation de viande et d'autres produits d'origine animale, aujourd'hui, a des conséquences très graves sur la santé, avec la prévalence des maladies cardio-vasculaires, certains types de cancer et de diabète chez les consommateurs, sans compter les zoonoses[1] et l'augmentation de l'antibiorésistance[2] ; sur les conditions de vie des paysans qui survivent à peine de l'exploitation animale ; sur l'environnement, à cause des émissions de gaz à effet de serre, de la déforestation, des algues vertes, des émissions d'ammoniac...

— Je suis breton, glissé-je. En Bretagne, la pollution à l'ammoniac à cause de l'élevage, on connaît bien le sujet.

— Il y a aussi la question des particules fines, poursuit Brigitte Gothière. Les engrais, les pesticides, qui causent d'importants dégâts écologiques alors qu'ils servent à l'exploitation animale.

— Lorsque je plaide dans le débat public pour le véganisme, je retombe souvent sur les mêmes objections, et j'aimerais avoir votre expertise là-dessus. La première, la plus fréquente : « Le lion mange la gazelle » ; l'être humain est omnivore. Donc, manger de la viande est naturel et, surtout, ne pas manger de viande du tout est contre-nature. Que répondez-vous à cela ?

— Déjà, le lion est strictement carnivore alors que l'être humain est omnivore. L'être humain a donc le choix de se passer de viande ; il peut manger autre chose. Ensuite, l'être humain passe son temps à faire des choses qui ne sont pas naturelles : fabriquer des médicaments pour soigner ses maladies, fabriquer des outils, regarder la télévision... L'argument de la pratique contre-nature ne tient donc pas debout, tout simplement. C'est aussi idiot que d'invoquer les traditions : ce n'est pas un argument en soi, les traditions, ça se change. Accessoirement, s'il était inconcevable que l'humanité se passe de viande, vous n'auriez pas aujourd'hui un Indien sur trois qui est végétarien !

— Une autre objection courante porte sur les carences, en particulier celle en vitamine B12. « Les végans sont carencés, ce qui prouve que c'est mauvais pour la santé. » Qu'en dites-vous ?

— Que les gens qui consomment de la viande dans des quantités standards ont des carences eux aussi. Qu'en réalité, tous les êtres humains ont des carences, raison pour laquelle on finit tous par prendre des compléments vitaminiques. De la vitamine C, de la vitamine D, parce que vous n'êtes pas assez exposé au soleil, de l'iode ajouté au sel, des compléments vitaminiques ajoutés aux céréales... Et on va reprocher aux végans d'avoir besoin de prendre de la vitamine B12 ? Cela n'a pas de sens. Au fait, savez-vous que cette fameuse B12, la viande animale en contient parce qu'on en donne aux animaux d'élevage ?

— Attendez... Vous voulez dire que les animaux eux-mêmes sont carencés en B12 ?

— Oui ! La quasi-totalité de l'industrie de la B12 sert à supplémenter les animaux d'élevage. Autrement dit, la seule différence entre un végan et un mangeur de viande vis-à-vis de la B12, c'est que le mangeur de viande la prend par l'intermédiaire de la viande d'un animal qu'on tue après lui avoir fait manger des compléments. Vous admettrez que la façon végane est plus directe, moins violente et moins consommatrice de ressources.

— Donc, ce fameux argument massue antivégan de la carence en B12 ne tient pas debout non plus...

— Absolument.

— Une variante sur l'argument des carences : « Les végans manquent de protéines. » Est-ce vrai ?

— En réalité, de manière générale, que vous soyez végan, végétarien ou consommateur standard de viande, vous êtes déjà en excédent de protéines. Ce sont les personnes des milieux les plus défavorisés qui peuvent manquer de protéines parce qu'elles sont sous-alimentées, pas parce qu'elles ne mangent pas de viande... Globalement, si on mange à sa faim et varié, en enrichissant son alimentation en vitamine B12, on ne manque de rien en étant végan. Si des carences peuvent exister, c'est surtout par méconnaissance en nutrition de base, et par manque d'accompagnement des professionnels de santé, eux-mêmes non formés pour l'accompagnement d'une alimentation végane.

— Et les végétariens ?

— Les végétariens, pas plus que les végans, n'ont de risques de carences à partir du moment où ils mangent équilibré. Quelle que soit notre alimentation, c'est l'équilibre et la satiété qui vont compter.

— Alors, pas besoin de viande ou de poisson pour consommer des protéines ?

— On nous habitue à faire la distinction entre protéines animales et protéines végétales mais, pour notre corps, cela revient au même. Les protéines sont des associations d'acides aminés. Autrement dit, toutes les protéines contenues dans la viande et le poisson peuvent être remplacées par des protéines végétales. La seule différence, c'est que dans la viande vous avez beaucoup de protéines d'un coup, alors que dans l'alimentation végane ou végétarienne, vous consommerez des aliments diversifiés à tous les repas pour recevoir toutes les protéines dont vous avez besoin.

— Pouvez-vous me citer des plats végétariens ou végans très riches en protéines ?

— Bien sûr. Un couscous semoule, pois chiches et légumes, est excellent du point de vue protéinique ; du chili, composé de haricots rouges et de riz ; des lentilles avec du riz. Lorsque la consommation de viande s'est généralisée dans les pays riches, on a pris l'habitude d'ajouter de la viande dans tous ces plats, mais à l'origine il n'y en avait pas et pour ce qui est des protéines, c'est un ajout inutile.

— On entend beaucoup que « l'humanité mange de la viande depuis la préhistoire », ce qui serait la preuve que la viande est indispensable à l'humanité depuis toujours. Est-ce vrai ?

— Nous sommes en réalité des « omnivores opportunistes » : nous mangeons ce qui est disponible. En situation de survie, c'est allé jusqu'au cannibalisme. Mais l'humanité d'aujourd'hui a le choix : elle peut se passer de viande, de poisson et des autres produits de l'exploitation animale.

— Venons-en à un argument que les végans connaissent bien, celui du « cri de la carotte ». Apparemment les plantes et les arbres peuvent ressentir de la souffrance : tout ce qu'on mange peut donc souffrir. Ainsi, aucune raison de faire un effort particulier envers la souffrance animale. Qu'en dites-vous ?

— Depuis que je milite pour les droits des animaux, je suis émerveillée de croiser tellement de gens soudain attentifs à la souffrance des légumes, sourit Brigitte Gothière. Quand bien même ce serait vrai, de toute façon, en consommant uniquement du végétal, on consomme beaucoup moins de végétaux au total, puisqu'on n'a plus besoin de ceux utilisés pour nourrir les animaux dont on mangeait la viande. Donc, l'argument du « cri de la carotte » conduit en réalité au véganisme !

— Souvent les gens répondent aux végans que réduire sa consommation de viande et de poisson, manger de la viande écologiquement responsable, c'est déjà bien et suffisant. Qu'en pensez-vous ?

— C'est ce qu'on appelle le flexitarisme. Toutes les études scientifiques récentes, celles du GIEC notamment, concluent qu'il faut baisser de 50 à 90 % notre consommation de viande et de 60 % notre consommation de produits laitiers.

En pratique, être un flexitarien sérieux revient donc à consommer végan en s'autorisant à manger très rarement de la viande ou du poisson. Cela résout les problèmes environnementaux mais pas la question éthique.

— C'est ce que je pratique, noté-je. Que répondez-vous à l'argument du manque de plaisir gustatif ?

— Qu'il est faux. L'idée que manger végan ou végétarien serait une punition pour les papilles, c'est une légende. Aujourd'hui, il existe une gastronomie végétalienne riche et variée. Si vous cherchez des goûts similaires pour chaque produit que vous aimez, viande, poisson ou laitages, il existe des substituts végans vraiment délicieux.

— Je peux témoigner pour le lait d'épeautre aux noisettes, dis-je. C'est bien meilleur que le lait de vache. Y compris dans le café.

— Voilà, très bon exemple. Ou les hamburgers avec des steaks végétariens, ou le camembert végan. Franchement, quand L214 fait tester aux gens sans les prévenir, ils ne font pas la différence !

Mettre fin à la souffrance animale

Indépendamment de l'impact écologique, la souffrance animale devrait constituer en soi un motif éthique suffisant pour devenir végan. Paradoxalement, l'adjectif le plus approprié pour décrire les conditions de vie des animaux d'élevage est qu'elles sont *inhumaines*. Cette horreur doit cesser et, pour qu'elle cesse, la consommation de produits de l'élevage doit elle-même cesser.

Les poissons, contrairement à une croyance très répandue, ressentent la douleur. Pour cause de pêche et d'élevage intensifs, la plupart d'entre eux meurent d'asphyxie, de décompression ou découpés vivants. Dans les élevages piscicoles, ils sont entassés dans des bassins pollués par leurs propres déjections, souffrent de stress, s'agressent les uns les autres et sont victimes de maladies, d'infections, de parasites. Sur les bateaux de pêche, une fois capturés, les poissons meurent par suffocation, leur agonie pouvant durer jusqu'à quatre heures – quand ils ne sont pas rejetés moribonds à la mer.

Les poulets, eux, sont enfermés dans des bâtiments où ils sont littéralement entassés les uns sur les autres. Sélectionnés pour donner un maximum de chair, ils enflent monstrueusement. Ils souffrent de maladies et de malformations musculo-squelettiques. Âgés de 35 jours, ils sont suspendus par les pattes pour être plongés vivants dans un bain d'eau électrifié. Les poules sont déplumées pour faciliter leur parcage dans des bâtiments similaires. Leur bec est coupé à vif et elles sont enfermées dans des cages au sol grillagé sans rien voir d'autre de toute leur vie. Inutiles pour la ponte, les poussins mâles sont quant à eux broyés vivants.

Parmi les canards d'élevage, seuls les mâles sont gavés pour donner du foie gras. Le foie des femelles étant jugé trop petit, elles sont broyées vivantes ou gazées. Les canetons mâles ont le bec mutilé à vif. Qu'il s'agisse de canards ou d'oies, le gavage consiste à fourrer de force de grandes quantités de nourriture dans l'œsophage de l'animal, plusieurs fois par jour.

En liberté, les lapins vivent en groupe, creusent des terriers et aiment courir et bondir. Dans des pays tels que la France, la quasi-intégralité d'entre eux sont au contraire entassés dans de minuscules cages au sol grillagé, d'où des corps difformes, des blessures et une mortalité très élevée, puisque plus d'un lapin sur cinq meurt en élevage avant même d'arriver à l'abattoir.

Les cochons comptent parmi les animaux les plus évolués après l'être humain. Ce sont des êtres sensibles, sociables et joueurs. Ils vivent entassés sur des sols en béton recouverts de leurs excréments, sans paille et sans accès à l'extérieur. Ces conditions entraînent blessures, maladies, souffrance quotidienne et troubles du comportement (en clair, cela les rend fous). Les truies sont enfermées dans des cages si petites qu'elles ne peuvent même pas se retourner, pendant une période de gestation et de mise bas qui dure près d'un semestre. Les porcelets sont mutilés à vif : on leur coupe la queue, les dents et les testicules. Ceux qui sont jugés trop chétifs sont tués par « claquage », c'est-à-dire en étant très violemment claqués sur une surface dure.

Une vache doit donner naissance à un veau pour produire du lait. En pratique, les veaux sont séparés de leur mère dès la naissance, d'où un traumatisme (vache et veau s'appellent et se cherchent) qui peut durer plusieurs jours. Les veaux mâles, ne produisant pas de lait, sont engraissés et abattus pour leur viande vers l'âge de 6 mois ; les femelles deviendront quant à elles vaches laitières. Les vaches sont inséminées artificiellement, encore, encore et encore, pour donner naissance à des veaux qu'on leur enlève dès la naissance, puis donner du lait jusqu'à l'épuisement. Elles souffrent de boiteries, d'inflammation des mamelles et d'une espérance de vie anormalement courte : huit ans au lieu de vingt. Une fois incapables de tomber enceintes, elles sont envoyées à l'abattoir.

Que ce soit pour toutes ces espèces, mais aussi pour les moutons, les brebis ou les agneaux, l'abattage génère du stress, de la peur et une souffrance aiguë pour l'ensemble des animaux. À noter que les animaux d'élevage des filières « biologiques » sont globalement tués de la même façon que lors des abattages standards[3].

Les terres agricoles sont fondamentalement consacrées d'une part aux cultures agricoles, d'autre part à l'élevage d'animaux. Ces derniers sont nourris à l'aide de protéines végétales issues de l'agriculture, puis consommés par l'être humain pour leur viande (s'ils ne produisent pas du lait ou des œufs). Les animaux sont cependant de mauvais « convertisseurs » des végétaux qu'ils consomment. Dans les pays riches, il faut en moyenne 3 kilos de protéines végétales pour obtenir 1 kilo de protéines d'œufs ; 6 pour le poulet et le cochon ; 7 pour le bœuf[4]. Par conséquent, la production de viande nécessite beaucoup plus de terres agricoles que la production de céréales directement destinées à l'alimentation humaine, à tel point qu'aujourd'hui, directement ou indirectement, 70 % des terres à usage agricole sont consacrées à l'élevage, ce qui correspond à 30 % des terres émergées non recouvertes par les glaces[5].

En 2018, une étude scientifique fondée sur les données de 38 700 exploitations agricoles dans 119 pays a mesuré que l'élevage et la déforestation qu'il suscite sont responsables de 21 % des émissions de gaz à effet de serre, de 25 % de l'acidification des sols et de 74 % de la prolifération nocive d'algues, ayant pour origine les activités humaines. Cette même étude a tiré de ce constat deux grands scénarios de transition végane ou flexitarienne de la production alimentaire de l'humanité :

— Dans le scénario « flexitarien », les aliments d'origine animale sont remplacés à 50 % par des équivalents végétaux. La surface totale des terres agricoles nécessaires pour nourrir l'humanité est divisée par deux, et les émissions de gaz à effet de serre de la production alimentaire baissent de plus d'un tiers.

— Dans le scénario « végan », les aliments d'origine animale sont intégralement remplacés par des équivalents végétaux. Cela réduit de 76 % la surface nécessaire à la production alimentaire mondiale, soit l'équivalent de la surface totale des États-Unis d'Amérique, de la Chine, de l'Australie et de l'Union européenne. En outre, les émissions de gaz à effet de serre dues à la production alimentaire chutent de 49 %[6].

En d'autres termes, pour qu'une large part du problème écologique soit réglée, il suffirait que l'humanité devienne végane.

L'agriculture intensive est notre tonneau des Danaïdes

Outre la conversion au véganisme, nous devons régler le problème posé par l'agriculture industrielle.

De 1950 à 1970, l'agronome américain Norman Borlaug a mis au point les méthodes de l'agriculture intensive et chimique actuellement dominantes. L'idée est de placer le système d'exploitation agricole tout entier au service de l'augmentation de la quantité de nourriture produite. Les variétés agricoles cultivées sont sélectionnées selon leur rendement. Des produits extérieurs aux terres agricoles, appelés intrants, leur sont ajoutés pour doper le rendement, notamment pour éliminer les parasites et ajouter des nutritifs : insecticides, pesticides, phosphates, nitrates, etc. L'irrigation fournit de très gros volumes d'eau aux cultures, quitte à en gaspiller de vastes quantités.

Initialement conçue pour résoudre les problèmes de sous-alimentation dans les pays pauvres, cette transformation de l'agriculture, appelée à tort « révolution verte », se répand petit à petit à travers le globe. C'est dans un premier temps un immense succès. Les rendements agricoles grimpent en flèche, l'humanité connaît un boom démographique, et, en 1970, Norman Borlaug reçoit le prix Nobel de la paix.

Cependant, dans un second temps, l'agriculture intensive connaît des rendements de moins en moins satisfaisants, tout en posant des problèmes écologiques de plus en plus graves. L'accumulation de nutriments dans le sol, les herbicides, les pesticides dérèglent l'écosystème local. Les insecticides font disparaître indifféremment les parasites et les insectes au sens large, de sorte que la chaîne alimentaire locale est détraquée, d'où, entre autres, l'effondrement des populations d'oiseaux. Le carburant des machines agricoles, la fabrication des engrais, le déversement de nitrates sur les terres émettent des gaz à effet de serre. À force d'accumulation d'intrants, les sols, les sous-sols, les cours d'eau, les lacs, les nappes phréatiques sont chimiquement pollués, avec pour conséquence le tarissement des formes de vie qui s'y trouvent. En bout d'effet domino, les algues vertes se répandent sur les côtes.

S'installe en outre un cercle vicieux de rendement décroissant des récoltes : au fil des ans, l'agriculture intensive produit des quantités déclinantes, d'où une fuite en avant dans l'augmentation des intrants, aggravant tous les problèmes écologiques posés, pendant que le rendement, lui, continue de décroître. Cette fuite en avant est devenue telle qu'au début du XXIe siècle, dans le système alimentaire américain, il faut dépenser 7,3 calories d'énergie pour récupérer 1 calorie de nourriture[7].

Une alternative existe cependant : elle se nomme agroécologie.

L'agroécologie

Alors que l'agriculture industrielle et chimique agit globalement contre l'écosystème local, en particulier à l'aide de ses intrants, l'agroécologie, elle, interagit avec l'écosystème local, s'adapte et s'appuie sur le fonctionnement de ce dernier, développe des cultures qui sont en harmonie avec cet écosystème et accomplit un effort constant d'efficience de la consommation des ressources.

Contrairement à un préjugé très répandu, l'humanité n'est aucunement condamnée à conserver l'agriculture industrielle et chimique pour continuer de se nourrir, car, de nos jours, l'agroécologie est capable d'obtenir des rendements équivalents – voire supérieurs dans certaines conditions telles que les sécheresses.

Échantillon de résultats de l'étude comparative entre agriculture industrielle et agroécologie, étalée sur trente ans, effectuée par le Rodale Institute

Variétés étudiées	Résultats
Soja	Rendements similaires pour l'agriculture industrielle et l'agroécologie
Maïs	– Rendements similaires pour l'agriculture industrielle et l'agroécologie – Résistance beaucoup plus forte de l'agroécologie envers la concurrence des mauvaises herbes. Au contraire, mauvaises herbes de plus en plus résistantes aux herbicides de l'agriculture industrielle
Maïs en période de sécheresse	Rendements de l'agroécologie supérieurs de 31 % à ceux de l'agriculture industrielle
Blé	Rendements similaires pour l'agriculture industrielle et l'agroécologie

Source : *The Farming Systems Trial : Celebrating 30 Years*, Rodale Institute, 2011, p. 9-10.

Les méthodes de l'agroécologie sont très variées. L'irrigation au goutte-à-goutte a un taux d'efficacité de 90 %, à comparer avec l'irrigation de l'agriculture industrielle dont le taux approche les 65 %[8]. Le compostage transforme des déchets organiques en une sorte de terreau très riche en nutriments, qui rend particulièrement fertile le sol où il est ensuite déployé. La *terra preta* ou biochar, méthode ancestrale des communautés amazoniennes, consiste à brûler sous une couche de terre, sans exposition à l'air, des déchets organiques, du fumier, des restes de repas et des résidus divers de la vie du village, pour fabriquer une terre noire, extrêmement riche en carbone et très fertile. L'agriculture régénératrice inclut la culture sans labour, les rotations culturales fréquentes ou encore l'emploi délibéré de peu de pesticides et d'engrais. Elle reconstitue la richesse naturelle du sol et ainsi sa productivité. Les cultures pérennes, par exemple tirées de variétés ancestrales de riz chinois, assurent des récoltes toute l'année, ce qui permet d'endiguer la déforestation en ayant des parcelles plus productives. En outre, les racines, plus profondes que celles des cultures conventionnelles, « piègent » davantage de carbone ainsi repris à l'atmosphère. L'agroforesterie avec cultures intercalaires, comme son nom l'indique, éparpille et émiette des cultures agricoles dans la forêt, de sorte qu'elles profitent des bienfaits de son écosystème : par exemple, les grands arbres forestiers protègent ces cultures du vent et leur ombre abrite les cultures sensibles à la lumière. Elle permet en outre des mélanges surprenants, tels que des buissons forestiers semés de noisetiers et de roses, tout en fournissant d'efficaces « pièges » à carbone. Il ne s'agit là que de quelques exemples, pris dans le vaste panel d'alternatives agroécologiques à l'agriculture industrielle[9].

Remplacer la domination par la cohabitation harmonieuse avec les animaux

Une fois admise la nécessité pour l'humanité de devenir intégralement végane, une question reste à traiter : que faire des animaux d'élevage ? Plus largement, quel rapport avoir avec les animaux en général dans une civilisation humaine végane[10] ?

Si nous admettons, comme le faisait déjà le philosophe Jeremy Bentham pour les animaux dès le XVIIIe siècle, que tout être sensible, c'est-à-dire capable de souffrir, a le droit d'être protégé contre le fait que la souffrance puisse lui être infligée[11], alors la réponse est nécessairement la *cohabitation* entre le règne humain et le règne animal – et non plus la domination de l'un sur l'autre.

En outre, la Terre est entrée, du fait des activités humaines, dans sa sixième extinction de masse des espèces vivantes : l'extinction de l'holocène. Toutes les grandes catégories de vie de la planète sont concernées, depuis les bactéries jusqu'aux mammifères. Le rythme actuel d'extinction des espèces est de 100 à 1 000 fois supérieur au taux normal. Si l'on écarte le cas de l'extermination de la mégafaune sur toute la planète par la chasse à la fin de l'ère glaciaire, les principales causes de cette extinction de masse sont le réchauffement global provoqué par les activités humaines, la prédation de ressources au bénéfice de l'espèce humaine, la consommation humaine de chair animale, la déforestation, la pêche intensive, l'acidification des océans, ainsi que l'inhabitabilité croissante de la Terre pour le règne animal provoquée par l'étalement de l'habitat humain – lui-même dû à la croissance démographique phénoménale de l'espèce humaine[12,13].

Ce dernier facteur ne saurait être négligé : il est notamment responsable de l'extinction ou de la quasi-extinction de nombreuses espèces animales pour cause de mitage et de morcellement de leurs habitats. Sur ce point, une révolution copernicienne s'avère donc nécessaire. Au lieu d'envisager des réserves naturelles pour animaux en liberté, c'est-à-dire des enclaves pour le règne animal sur une planète en règle générale habitée par l'humain, osons renverser la perspective : considérons nos villes et nos habitats comme des enclaves humaines sur une planète en règle générale habitée par des animaux en liberté. Concrètement, ce changement de point de vue impliquera de limiter drastiquement notre étalement urbain et de chercher en permanence à ne pas envahir inutilement les espaces extérieurs à nos habitats, puisqu'ils doivent rester ceux des animaux en liberté.

Si nous cessons de manger la chair, les œufs et les laitages du règne animal, et si nous respectons les animaux en tant qu'êtres doués de sensibilité, remplacer la domination par la cohabitation harmonieuse est la seule conclusion logique possible.

5.

Les pays riches doivent faire moins d'enfants

Si tout le monde consomme les ressources comme les Américains – et c'est ce à quoi toute l'humanité aspire –, vous allez avoir besoin de quatre ou cinq planètes Terre supplémentaires.

Paul R. Ehrlich,
biologiste et théoricien
du contrôle des naissances

J'ai enseigné la démographie pendant sept ans à l'université Panthéon-Assas (Paris 2). Ce livre est l'occasion d'appliquer mes connaissances en la matière à la grande cause de notre siècle : l'écologie. La question de la limitation des naissances est un sujet largement tabou de nos jours. Il est néanmoins nécessaire de l'aborder, de façon apaisée et rationnelle.

Le mythe de l'impact écologique des familles nombreuses africaines

Pour ce faire, il faut d'abord battre en brèche une idée reçue très répandue : le prétendu énorme impact écologique des familles nombreuses africaines. C'est faux. Lorsque l'on mesure l'impact écologique d'un pays et de sa population, ce qui compte n'est pas son nombre d'habitants, mais les rejets de gaz à effet de serre et la consommation de ressources causés par la population totale. Comparons à cet égard l'Américain moyen à l'habitant du pays d'Afrique où les familles sont les plus nombreuses : le Nigérien.

Les constats sautent aux yeux : Le Niger fait plus d'enfants que les États-Unis d'Amérique : 7,2 enfants par femme en âge de procréer contre seulement 1,8. L'empreinte carbone par Américain au cours d'une année est cependant bien plus élevée que l'empreinte carbone par Nigérien : presque 16 tonnes contre moins de 0,1. Par conséquent, malgré le nombre de familles nombreuses nigériennes, les émissions de CO_2 des États-Unis sont nettement plus fortes que celles du Niger : plus de 5 *milliards* de tonnes contre moins de 2 *millions*. L'écart observable est tout aussi spectaculaire du

Comparaison d'impact écologique (émissions de CO_2 et consommation d'énergie primaire) entre les États-Unis d'Amérique et le Niger

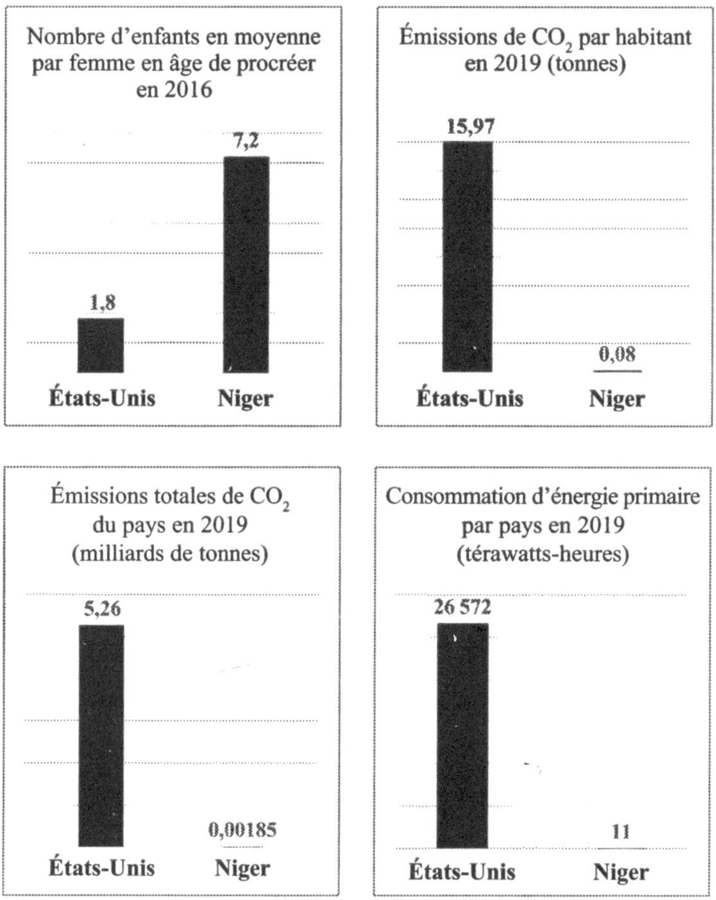

Sources : Global Carbon Project, OWID, Banque mondiale.

point de vue de la consommation des ressources, en l'occurrence celle d'énergie primaire : plus de 26 000 térawatts-heures aux États-Unis contre seulement 11 au Niger.

Contrôler les naissances dans les pays riches

Il est donc totalement erroné de penser immédiatement à l'Afrique dès qu'il est question de faire baisser les naissances pour réduire l'impact écologique de l'espèce humaine. En réalité, si le but est de consommer moins de ressources et de rejeter moins de gaz à effet de serre en étant tout simplement moins nombreux sur Terre, alors *c'est en réalité dans les pays riches qu'il faut faire baisser les naissances.*

L'on pourrait objecter que les pays riches ayant déjà presque tous un nombre d'enfants moyen par femme en âge de procréer égal ou inférieur à 2, il est inutile de le faire baisser encore. C'est cependant faux : eu égard à leur empreinte carbone par habitant, la poursuite de la baisse reste écologiquement bienfaisante. Cela suppose simplement de rompre avec l'idéal populationniste du

XVe siècle, qui, de toute façon, est profondément obsolète, car, depuis bien longtemps déjà, la puissance d'un pays, son rayonnement, sa richesse culturelle, le bien-être de ses habitants ne sont plus le fruit d'une course effrénée à la croissance démographique. Les pays riches doivent donc oser adopter ce nouvel idéal démographique : considérer la dénatalité comme quelque chose de *positif*.

Le traumatisme de l'enfant unique en Chine totalitaire

Les cités-États de l'Antiquité grecque, telles Athènes et Sparte, avaient pour vision de la démographie un idéal stationnaire. Platon, par exemple, calcula très précisément ce qu'il estimait pour l'époque être la taille optimale et stable de la cité. Propos d'évidence pour l'époque, le trop-plein démographique devait quitter la ville pour aller en fonder une nouvelle ailleurs, et ainsi de suite – d'où la fondation de cités grecques en Sicile, la plus célèbre étant Syracuse.

L'idéal stationnaire se maintient peu ou prou jusqu'à l'époque médiévale. Vient ensuite l'hécatombe de la Grande Peste, qui, entre 1347 et 1352, tue entre 30 et 60 % de la population de l'Europe selon les estimations et environ un tiers de la population du Moyen-Orient[1,2]. Plus largement, du fait de cette épidémie de peste noire, il apparaît qu'au XIVe siècle la population humaine mondiale diminue d'au moins 20 %[3].

La plupart des grandes communautés humaines de l'époque réagissent à cette catastrophe démographique en développant une véritable obsession du repeuplement. L'idéal stationnaire est ainsi remplacé par l'idéal populationniste, qui appelle de ses vœux la croissance démographique, regardée comme une manifestation de vitalité, de prospérité et d'avenir radieux. Certaines cultures étaient toutefois populationnistes avant la Grande Peste, telles que l'hindouisme, par exemple. Puis la deuxième moitié du XVe siècle voit le début des grandes navigations portugaises et espagnoles, puis anglaises et françaises. Les premiers empires coloniaux se trouvant globalement sous-peuplés en colons, la situation renforce encore l'idéal populationniste.

Le populationnisme perdure ensuite plusieurs siècles durant, jusqu'aux années 1960. L'année 1968 est marquée par une rupture du fait de la parution de *La bombe P* du biologiste américain

Paul R. Ehrlich, dont le retentissement est considérable. Constatant l'incompatibilité entre d'une part, le caractère limité des ressources de la Terre, d'autre part, la croissance phénoménale de la démographie humaine mondiale, il plaide pour des politiques de contrôle des naissances[4].

Dans les années qui suivent, la politique de contrôle des naissances la plus célèbre au monde est celle de l'enfant unique, appliquée par la Chine totalitaire de 1978 à 2015. Les méthodes employées par Pékin sont dictatoriales et inhumaines. Au-delà des amendes infligées pour les naissances non autorisées, le régime pratique les avortements et les stérilisations forcés. En raison de la préférence culturelle chinoise pour les héritiers mâles, il y a également dans les campagnes des pratiques d'infanticide de filles afin de réserver à un garçon la place d'enfant unique autorisé[5]. Le souvenir glaçant de ce contre-modèle chinois confère encore de nos jours une sinistre réputation à toute politique publique de contrôle des naissances, quand bien même il est en réalité parfaitement possible d'en mettre une en place sans recourir aucunement au totalitarisme.

L'émancipation des femmes fait baisser les naissances

La science démographique a identifié de longue date un puissant lien de cause à effet entre l'accès des femmes à l'éducation et la baisse du nombre d'enfants par femme en âge de procréer.

Elle a également observé un lien entre le niveau de développement humain[6] d'un pays et la baisse du nombre d'enfants, qui joue quant à lui dans les deux sens. Plus le développement humain croît, plus le nombre d'enfants par femme baisse. Réciproquement, plus le nombre d'enfants baisse, plus les familles augmentent leur revenu disponible pour la consommation et l'épargne, ce qui tend à faire augmenter le développement humain du pays.

Sans surprise, on constate en outre un lien de cause à effet très fort entre le degré de diffusion de la contraception sous toutes ses formes dans la population féminine et la baisse du nombre d'enfants par femme en âge de procréer.

L'accès des femmes à l'éducation, leur émancipation socio-économique, leur libre accès à la contraception constituent donc de robustes leviers de contrôle des naissances, sans faire appel à la moindre coercition. Compte tenu de l'empreinte carbone par habitant des divers pays du globe, il s'ensuit que le féminisme est écologique – tout particulièrement dans les pays riches, puisque c'est dans ces derniers que la baisse des naissances est la plus urgente.

Bien qu'insuffisamment appliquées encore à ce jour, les mesures requises pour atteindre véritablement l'émancipation éducative, socio-économique et contraceptive des femmes sont connues : la sensibilisation du corps enseignant et du personnel d'orientation scolaire aux préjugés sexistes envers les élèves de sexe féminin, l'alignement systématique des droits économiques des femmes sur ceux des hommes, les sanctions administratives et judiciaires contre les entreprises qui discriminent les femmes à l'embauche et à la rémunération, l'éducation scolaire des adolescentes à la contraception ainsi que, bien sûr, la légalisation et l'accès concret à l'interruption volontaire de grossesse. À cet égard, la récente décision de la Cour suprême des États-Unis d'Amérique d'abolir la protection fédérale de ce droit relève purement et simplement de l'irresponsabilité démographique.

6.

Des villes vertes

Le piéton est une espèce extrêmement fragile : l'équivalent pour l'habitabilité urbaine du canari dans la mine de charbon.

Jeff Speck,
urbaniste et père de la théorie
de la « marchabilité » générale

Lorsque j'étais étudiant en deuxième année de licence, je me suis pris de passion pour les enjeux écologiques – en particulier pour l'urbanisme. Je me souviens de m'être, à l'époque, très abondamment documenté sur ce thème et d'avoir envisagé de devenir urbaniste. L'immense chantier de la transformation des mégapoles de l'âge industriel en « villes vertes » avait cependant fini par m'intimider.

Contrairement à une idée reçue très répandue, les villes piétonnes et les écoquartiers, les pistes cyclables et les constructions en bois, les toitures végétalisées et les bâtiments autonomes ne sont pas des envies de bourgeois-bohèmes. De Shanghai à New Delhi, l'urbanisme vert représente un enjeu vital pour ces millions d'êtres humains qui sont paralysés par des embouteillages géants quotidiens et souffrent de la pollution atmosphérique, largement due aux voitures à moteur thermique coincées dans ce trafic. Chaque année, plus de quatre millions de personnes meurent de pollution atmosphérique extérieure, dont plus de la moitié en Chine.

Même vastes, même très peuplées, des villes écoresponsables, harmonieuses et agréables peuvent être développées.

Bâtissons des villes en bois

Des murs extérieurs disparaissant sous le lierre et les potagers verticaux, des toits plats couverts de végétation, des bâtiments modernes en bois à la scandinave... C'est de cela que je rêvais en 2000, lorsque j'étais étudiant. J'ignorais qu'au fil des années, l'urbanisme écologique, ou durable, ne relèverait plus de l'avant-garde architecturale, mais se transformerait en lame de fond des grandes villes du monde.

L'architecture en bois renaît à travers le monde. En 2018, à Vancouver, le campus Point Grey de l'université de Colombie-Britannique a érigé la Brock Commons Tallwood House, une résidence étudiante en bois haute de 18 étages. À Pékin, le quartier de Yanqing a accueilli l'Expo 2019, exposition internationale d'horticulture, dans un pavillon en bois haut de 27 mètres, le pavillon Yongning, bâti pour l'occasion avec des éléments d'architecture ancestrale. En 2022, à Milwaukee, dans l'État américain du Wisconsin, Ascent MKE, un immeuble de 25 étages dédié aux habitats et aux commerces de détail, est devenu la structure en bois massif la plus haute du monde.

Bâtir en bois présente de nombreux avantages. Certaines variétés composites bénéficient d'une solidité et d'une durabilité comparables à l'acier. Or, à la façon de meubles géants en kit, les portions de bâtiment en bois peuvent facilement être préfabriquées pour être ensuite assemblées sur site, ce qui rend la construction plus facile et plus rapide qu'avec l'acier et le béton.

En outre, d'immenses progrès technologiques en matière d'ignifugation ont été accomplis depuis l'époque où l'inflammabilité des masures en bois pouvait réduire en cendres une ville de la taille de Londres. De nos jours, il n'est plus rationnel de craindre le feu quand on construit avec du bois.

Les bénéfices écologiques des constructions en bois sont doubles. D'une part, tout morceau de bois est fait presque totalement de carbone. Tout bâtiment en bois constitue donc un stock « piégé » de carbone. D'autre part, la production de bois de construction émet considérablement moins de gaz à effet de serre que celle du ciment, responsable à lui seul de plus de 5 % des émissions mondiales dues aux activités humaines.

Utiliser massivement le bois au lieu d'autres matériaux, en employant de 34 à 100 % de la production soutenable[1] mondiale, générerait 31 % de baisse des émissions de CO_2 des activités humaines. En d'autres termes, le potentiel de bienfait écologique de l'architecture en bois est colossal.

Végétalisons nos toits

L'un des plus vastes toits végétalisés au monde est celui du centre logistique de Bondorf, en Allemagne. Cette surface verte à trois couches, plantée de sedum et d'herbes, inclut des sites de nidification au sol pour les oiseaux et, grâce aux fleurs qui y poussent, attire abeilles et papillons sauvages. À l'aide de citernes, l'écosystème du toit fonctionne en autonomie grâce aux eaux pluviales et n'a besoin ni d'être nourri en eau, ni d'en évacuer.

De nombreuses villes aux États-Unis et en Europe ont mis en place des incitations à la végétalisation des toits. Stuttgart exige des toits verts sur tous les nouveaux bâtiments industriels à toit plat. Pittsburgh a rendu obligatoires des dispositifs de récupération des eaux de pluie sur les grands immeubles. Portland exige qu'une partie des nouveaux bâtiments et de ceux nécessitant un remplacement de toit installe un toit vert sur au moins 70 % de la surface.

Quels sont les avantages des toitures végétalisées ? Par photosynthèse, elles prennent du carbone à l'atmosphère et contribuent ainsi à réduire l'effet de serre. Elles absorbent l'eau de pluie et la biodiversité s'y développe, en particulier les oiseaux. Tout ou partie de la surface verte peut être convertie en potagers. Le toit lui-même, sous la surface végétale, est protégé de l'usure et plus durable. Les couches végétales ont un effet d'isolation thermique, d'où une forte baisse de la consommation d'énergie du bâtiment. Cela élimine donc le problème des habitats de dernier étage qui, souvent mal isolés, constituent de vraies passoires thermiques très gourmandes en énergie. Accessoirement, la beauté des toitures végétalisées augmente la valeur du bien immobilier.

Piétonnisons nos villes

Jeff Speck est urbaniste et écrivain. Il est l'auteur de *Walkable Cities Rules*[2] et le père de la théorie de la « marchabilité », méthode pour rendre piétons villages, quartiers, voire villes entières.

— Après mes études d'architecture, me raconte-t-il, je suis allé travailler au sein du cabinet d'architectes de deux des cofondateurs du New Urbanism, Andrés Duany et Elizabeth Plater-Zyberk. Comme beaucoup de gens intéressés par l'urbanisme et le design, je sentais bien qu'il y avait des lieux où nous aimons être, où nous avons envie de passer du temps, qui nous donnent de la joie ; et puis d'autres que nous détestons, à la fois à cause de leur allure générale et des sensations désagréables qu'ils nous procurent, mais aussi de la façon dont ils sont organisés et fonctionnent.

— Aux alentours de Paris, nous avons beaucoup de quartiers des années 1950-1970 franchement désagréables à regarder et à vivre, remarqué-je.

— Tous ces territoires urbains désagréables sont nés de l'étalement urbain basé sur le tout-voiture, m'explique Jeff Speck. Regarder cela en face, c'est admettre que nos villes, au lieu d'être multi-usages et agréables à la marche, sont des grosses pièces de puzzle à un seul usage : les lieux où vous ne faites que travailler, ceux où vous ne faites que des courses, etc. Chaque pièce est bien séparée des autres, et toutes les pièces sont interconnectées uniquement par l'automobile. Ce qui signifie que vous êtes forcément coincé dans votre voiture plusieurs fois par jour.

En l'écoutant, je me remémore mes souvenirs d'enfance et d'adolescence à Nice et dans l'arrière-pays niçois. En moyenne, deux heures d'embouteillages par jour. Je déteste monter dans une voiture depuis lors, à tel point que cela fait vingt-deux ans que je refuse de passer mon permis de conduire.

— C'est par passion pour ces questions qu'au lieu de devenir architecte, je suis devenu urbaniste, poursuit Jeff Speck. J'ai commencé en 1993, l'année où Andrés, Liz et quatre autres urbanistes ont lancé le Congress for the New Urbanism. L'idée était de convertir des zones à mono-usage, comme les quartiers d'affaires avec bureaux et cafétérias, pour en faire des quartiers multi-usages et piétons. C'est un peu comme le grand match des années 1960 pour l'avenir du quartier new-yorkais de Greenwich Village. Quand le New Urbanism est monté en puissance, ce mot, *urbanism*, s'est mis à poser problème. Aux États-Unis, pour beaucoup de gens conservateurs, *urban* est connoté négativement ; ils associent l'expression « culture urbaine » à leurs préjugés racistes envers les minorités des quartiers pauvres. Des fondateurs du Congress ont alors voulu parler de *neo-traditionalism*. Mais là, cela posait problème dans la direction opposée : quand vous êtes progressiste, le néo-traditionalisme[3] n'est pas quelque chose que vous avez envie de soutenir. J'ai donc théorisé la « marchabilité », un terme qui, en plus de ne pas être connoté politiquement, est clair : on comprend tout de suite qu'il s'agit de rendre l'espace urbain agréable aux piétons.

— Sur quels critères repose votre théorie ? enchaîné-je.

— Utilité, sécurité, agrément et intérêt, énumère Jeff Speck. Circuler à pied doit pouvoir être utile, c'est-à-dire satisfaire un besoin quotidien. Cela nécessite donc la présence de commerces de proximité. Circuler à pied doit être sûr, en particulier vis-à-vis de l'ennemi n° 1 du piéton : l'automobiliste. Il faut donc *a minima* une nette séparation entre zones piétonne et automobile ; *a maxima*, une zone intégralement piétonne. Circuler à pied doit être agréable, ce qui requiert l'existence de « salons extérieurs » : terrasses de café, jardins dans la ville. Enfin, circuler à pied doit être intéressant, ce qui implique un espace urbain beau, vivant et diversifié.

À titre personnel, je peux témoigner du bonheur que cela représente de fréquenter des quartiers largement « piétonnisés », en particulier une fois que l'on devient jeune parent. Mon épouse, ma fille et moi habitons un écoquartier dans le haut-Montreuil. Illusion de « sortie de la ville », notre terrasse faite toute de bois, de haies, de fleurs et d'arbustes, ressemble à une scène de *La Cerisaie* de Tchekhov. Du fait des façades extérieures en bois, des panneaux solaires, de l'isolation thermique, nous n'avons presque pas besoin de chauffer en hiver, et, en été, jusqu'à 35 °C, nous n'avons qu'à fermer les fenêtres pour rester au frais ; au-delà, par temps caniculaire, baisser les volets suffit. Nos factures d'énergie sont bien plus basses que dans notre précédent appartement, quartier Montparnasse.

Juste à côté de chez nous, un grand parc à flanc de colline est composé d'une très sobre pelouse et d'un vaste foisonnement d'arbres, de fougères et de ronces, où pullulent les oiseaux. À proximité du parc, nous pouvons circuler avec notre fille sans craindre que des voitures déboulent en trombe ou sans le déplaisir procuré par les gaz d'échappement. Quant au quartier piéton de la mairie en lui-même, une fois passée une rue marchande, une nouvelle rue piétonne permet de rejoindre la place du marché où, chaque vendredi, au fil des étals, l'on peut flâner dans une réinvention cosmopolite des halles d'antan. Tout cela quasiment sans avoir croisé aucune voiture.

Les villes piétonnisées ne sont pas un privilège de pays riche. La ville de plus de 5 millions d'habitants la mieux aménagée au monde se trouve au contraire dans un pays pauvre, en Colombie. Il s'agit de sa capitale, Bogotá, à chaque fois classée dans les cinq premières villes pour la proportion d'habitants vivant à moins de 100 mètres d'un grand espace sans voitures (square, rue piétonne, parc…) ; pour la proportion d'habitants vivant à moins de 1 kilomètre à pied d'un établissement scolaire *et* d'un hôpital ; pour la petitesse relative de ses pâtés de maison.

Les espaces où la circulation piétonne est facile et sûre connaissent une pollution de l'air plus faible, moins d'obésité, plus de temps de jeu des enfants en plein air, moins de morts sur les routes et des petits commerces plus rentables[4].

La marche quotidienne est excellente pour la santé, et se déplacer à pied constitue le mode de transport le plus écologique. Selon l'ONU, les deux tiers de l'humanité seront des citadins d'ici 2050[5]. La piétonnisation des villes constitue donc un levier puissant pour faire chuter les émissions de gaz à effet de serre.

Tous en selle

Un autre mode de transport urbain présente de nombreux avantages : le vélo. Aucune ville n'est condamnée à être livrée aux embouteillages, aux gaz d'échappement et aux nuisances sonores de la circulation automobile. Une grande cité peut faire le choix de privilégier le vélo plutôt que la voiture – à tel point qu'Amsterdam, amplement piétonnisée, compte de nos jours quatre fois plus de vélos que d'automobiles.

Le potentiel de remplacement de la voiture par le vélo est immense. Prenons l'exemple des États-Unis. Six Américains sur dix prennent chaque jour leur voiture pour parcourir une distance de 10 kilomètres[6]. À vélo, ce trajet représente une demi-heure, un temps quotidien raisonnable. Soixante pour cent des foyers américains pourraient donc passer du jour au lendemain de la voiture au vélo, avec un impact écologique fortement positif.

Pour les parents d'enfants trop jeunes pour monter eux-mêmes sur un vélo, qui doivent donc généralement les déposer et les récupérer tous les jours à la crèche ou à l'école, le vélo peut là encore remplacer la voiture en adoptant un modèle en quelque sorte équipé de l'équivalent d'un side-car pour les motos, un « vélo-cargo ».

Attention : c'est le développement des pistes cyclables qui augmente le nombre de cyclistes, et non le contraire. Une municipalité qui attendrait que les vélos se multiplient pour installer les infrastructures appropriées prendrait donc le problème à l'envers. Par ailleurs, il est essentiel que les pistes cyclables soient séparées des voies de circulation automobile. Je peux témoigner sur ce point : quand j'étais étudiant à Paris, au début des années 2000, il était inévitable qu'une partie du trajet à vélo se fasse au beau milieu des voitures et des motos – ou des bus et des taxis. J'ai donc fini par arrêter puisqu'être cycliste à Paris revenait à me mettre en danger tous les jours.

Cela étant, le vélo peut présenter en lui-même plusieurs inconvénients. Par exemple, s'y mettre est difficile lorsque l'on n'a pas d'activité sportive régulière. Le vélo électrique peut constituer dans ce cas une alternative intéressante.

Une urgence absolue : l'isolation thermique des bâtiments

Les « passoires thermiques » et l'air conditionné sont les deux faces d'un même problème : la vulnérabilité des bâtiments face aux changements de température. Du fait de fuites dans la couche thermique du bâtiment, l'air circule entre les pièces, ainsi qu'entre le bâtiment et l'extérieur, augmentant la température en été et la faisant trop baisser en hiver, d'où des dépenses d'énergie supplémentaires pour compenser le problème. Par conséquent, les dépenses d'énergie des habitations sont responsables à elles seules de plus de 10 % des émissions de gaz à effet de serre[7].

Les travaux d'isolation thermique des bâtiments sont donc un chantier urgent de l'urbanisme vert. Pour obtenir une bonne isolation, il suffit d'installer une sorte d'emballage sous les sols, les murs et les toits, fait en matériaux qui ne laissent ni entrer ni sortir la chaleur comme la laine de verre. Il en résulte une température intérieure stable. L'isolation doit aussi être effectuée au niveau des vitres grâce au double vitrage, qui limite la chaleur entrant ou sortant par le contact entre l'extérieur et la vitre de la fenêtre fermée.

Les pompes à chaleur permettent également de gérer les flux de chaleur. Selon l'Agence internationale de l'énergie, « en 2020, les pompes à chaleur électriques ne fournissaient que 7 % des besoins de chauffage des bâtiments, alors qu'elles pourraient facilement fournir plus de 90 % du chauffage mondial des locaux et de l'eau, à un niveau d'émissions de CO_2 très bas[8] ».

Enfin, il est possible de bâtir un puissant chauffage central capable d'alimenter tout un immeuble, un quartier, voire une ville. S'il est écologique, le chauffage de la totalité des foyers de la commune l'est aussi. Ainsi, à Copenhague, la quasi-totalité des foyers de la capitale danoise est reliée à un chauffage central dont l'alimentation au charbon est progressivement remplacée par la biomasse, une énergie verte.

Quelles économies d'énergie dans nos villes ?

Appliqué à la consommation d'énergie, l'urbanisme vert inclut l'éclairage aux LED, les toitures photovoltaïques, les mini-réseaux énergétiques et les bâtiments autonomes.

Les diodes électroluminescentes (LED) consomment 90 % d'énergie en moins qu'une ampoule incandescente pour produire la même quantité de lumière. Générant très peu de chaleur, elles sont aussi très durables, puisqu'elles peuvent tenir plus de vingt-cinq ans. Aux États-Unis, la proportion de foyers utilisant majoritairement des LED est passée de 4 % en 2015 à 47 % en 2020[9]. Des politiques publiques de remplacement des ampoules incandescentes par des LED restent toutefois urgentes, en particulier dans les pays pauvres.

Les toitures photovoltaïques présentent plusieurs avantages pour ces mêmes pays. Dans un contexte d'administrations à la peine pour développer un réseau énergétique efficace, les foyers doivent s'équiper eux-mêmes et à l'échelle de leur habitation. Cela procure immédiatement l'électricité nécessaire au chauffage et à la cuisine au milliard d'êtres humains qui vivent aujourd'hui en dehors de tout réseau électrique. Dans plusieurs pays pionniers, une politique initiale de subventions aux producteurs et aux ménages a permis au marché d'atteindre un effet de seuil rendant la filière viable. Les subventions cessent d'être nécessaires, le cercle vertueux est lancé. Au Bangladesh, de telles politiques ont permis à

6 millions d'habitations d'être équipées de toitures photovoltaïques au cours de ces deux dernières décennies[10].

Les mini-réseaux ont pour cas d'école la communauté allemande de Solarsiedlung, à Fribourg-en-Brisgau. Une cinquantaine de foyers ont emménagé dans des bâtiments radicalement économes en énergie, devenant ainsi la première communauté humaine au monde à avoir un bilan énergétique positif. Concrètement, des toitures photovoltaïques et des éoliennes de taille modeste ont été installées sur les toits de toutes les habitations. L'ensemble de ces installations ont été interconnectées pour créer un mini-réseau énergétiquement autonome.

Ce système, inventé par l'architecte Rolf Disch, peut être appliqué à l'échelle d'un quartier ou d'un village, surtout si ces derniers ne sont pas reliés à un réseau électrique. Il permet d'accumuler et d'interconnecter des sources locales d'énergies renouvelables jusqu'au seuil du mini-réseau stable et viable, sans attendre l'extension des grands réseaux électriques centralisés jusqu'à eux.

L'expérience de Solarsiedlung renvoie plus largement à l'idée des bâtiments autonomes. Dans les années 1970, suite au rapport Meadows, les initiatives d'architectes pour concevoir des bâtiments économes en ressources se multiplièrent, jusqu'à l'émergence du concept de bâtiment autonome, dont la consommation d'énergie nette serait nulle. Cette révolution architecturale revient à redécouvrir des techniques déjà bien connues. Comme en Provence, où volets et persiennes sont disposés pour faire barrage à la chaleur pendant l'été et la capturer en hiver. Comme aux Pays-Bas, où les fenêtres sont disposées pour profiter au maximum de la lumière du jour. Le bâtiment est orienté pour qu'une partie recueille l'ensoleillement et que l'autre soit généralement à l'ombre. Les appareils de réglage de la consommation d'énergie, par exemple le thermostat, sont automatisés pour choisir l'économie sans intervention humaine. La hauteur des plafonds et la circulation de l'air à l'intérieur sont calibrées pour que la température soit stable.

De manière générale, il ne s'agit donc pas de mettre en œuvre ce qui n'existerait pas encore ; plutôt d'intensifier, de généraliser cette grande mutation écologique déjà commencée : l'urbanisme vert.

7.

Arrêtons le pétrole, le charbon et le gaz

L'Amérique est une invincible machine à arrêter notre dépendance au pétrole ! Malheureusement, cette machine carbure au pétrole.

Jon Stewart, satiriste

Le pétrole, le charbon et le gaz sont des combustibles fossiles, issus de la lente dégradation d'animaux et de végétaux enfouis dans le sol depuis des millions d'années. L'humanité les brûle pour en tirer de l'énergie. Parmi toutes les activités humaines, ce sont l'extraction et l'exploitation de ces matières qui rejettent le plus de gaz à effet de serre dans l'atmosphère.

Pourtant, non seulement l'économie-monde du XXIe siècle ne réduit pas sa consommation d'énergies fossiles, mais elle l'intensifie, ce qui est écologiquement suicidaire.

En 2022, une équipe de chercheurs a publié un inventaire des principaux projets d'extraction de pétrole, de gaz et de charbon à travers le monde[1]. Chacun de ces projets (le projet australien Red Hill, la mine chinoise de Hongshaquan, la mine allemande de Hambach) émettra au moins, durant son exploitation, 1 milliard de tonnes de CO_2, c'est-à-dire autant chacun que le volume nécessaire de *baisse* des émissions mondiales annuelles. Ces chercheurs ont conclu que la Terre compte ainsi 425 « bombes climatiques », dont 60 % sont déjà exploitées et 40 % sont en projet[2]. La Chine, les États-Unis, la Russie et l'Arabie saoudite sont très loin en tête des pays responsables.

Si toutes ces « bombes climatiques » sont pleinement exploitées, les souffrances de l'humanité pour cause d'emballement infernal du grand détraquement climatique mondial seront considérables. Nous devons renverser la tendance. Au lieu d'intensifier encore et encore notre consommation de combustibles fossiles, nous devons purement et simplement *arrêter* d'utiliser du pétrole, du charbon et du gaz, et remplacer intégralement ces sources d'énergie par des énergies vertes.

« Rien ne s'oppose à ce qu'on arrête les énergies fossiles »

Baptiste Andrieu a 25 ans. Il est ingénieur. Ses parents sont médecin et ingénieur. Il a été très marqué par *Les Racines du ciel* de Romain Gary, qui raconte le combat d'un homme contre l'extermination des éléphants d'Afrique. Il m'explique être devenu écologiste, doctorant en transition énergétique, engagé chez Ingénieurs sans frontières et au Shift Project par devoir envers les enfants qu'il aura peut-être un jour : « Je veux pouvoir les regarder dans les yeux et leur dire : “Je savais et j'ai fait de mon mieux.” » Je songe que sa génération est bien plus responsable et engagée que la mienne.

— Physiquement, rien ne s'oppose à ce qu'on arrête les énergies fossiles, me confirme-t-il. En exploitant beaucoup plus les énergies décarbonées et en faisant preuve d'une grande sobriété dans notre consommation d'énergie, c'est faisable.

Il insiste toutefois sur la nécessité de sortir des solutions décrétées du haut vers le bas. Il faut selon lui impliquer les populations.

— La première chose à faire pour impliquer les gens, c'est de les former, m'explique-t-il. On l'a constaté avec la Convention citoyenne pour le climat en France. Formés au cours de trois ou quatre week-ends, des citoyens tirés au sort, issus de milieux différents et ayant des intérêts différents, ont mis sur la table des propositions bien plus ambitieuses que celles de tous les ministres de l'Environnement jusqu'à maintenant.

Je lui demande quels grands travaux de transition énergétique sont prioritaires. La réponse est immédiate : « Il faut développer les énergies renouvelables à fond. Et on doit développer les technologies d'efficacité énergétique. Mais ça ne suffira pas. Pour s'en sortir, il faut donc aussi faire preuve de sobriété énergétique. On doit se demander quelle consommation d'énergie nous satisfait et quelle autre est en réalité inutile. »

Baptiste Andrieu évoque alors le fait que, du point de vue de l'histoire, si l'on examine les émissions totales de gaz à effet de serre par pays et par habitant depuis le début de la révolution industrielle, celles des pays riches sont monstrueuses et se taillent la part du lion, alors que celles des pays pauvres sont comparativement marginales.

— Les pays du Sud représentent plus de la moitié de l'humanité, mais seulement 8 % du dépassement total du budget carbone de l'humanité, cite-t-il de mémoire. Si tout le monde sur Terre avait émis comme les Indiens, que l'on montre du doigt et qu'on accuse d'être d'énormes pollueurs, le problème du réchauffement global n'aurait commencé à exister que vers 2030.

Ce que ça nous dit, c'est que les pays riches sont responsables du problème et qu'ils doivent donc faire plus d'efforts que les pays du Sud, poursuit Baptiste Andrieu. En fait, les pays du Sud devraient être autorisés à aller au-dessus de l'objectif moyen d'émissions de gaz à effet de serre, le temps de construire les infrastructures dont ils ont besoin pour leur rattrapage économique : routes, écoles, hôpitaux, usines, etc.

— Pendant ce temps, les pays riches devraient au contraire lancer une transition énergétique à fond les ballons, c'est ça ? demandé-je.

— Exactement.

L'éolien offshore : la solution idéale ?

Le parc éolien offshore Hornsea One, au large du Yorkshire, est le plus grand au monde. Il est entré en activité en 2020. Imaginez, en haute mer, un vaste champ de 165 éoliennes, hautes de plusieurs centaines de mètres et dont les pales brassent l'air en cadence. La capacité de ce parc, bâti par l'entreprise danoise Ørsted pour le gouvernement britannique, équivaut aux besoins d'électricité du million de foyers de Birmingham, ville la plus peuplée du Royaume-Uni après Londres. Un parc similaire, Hornsea Two, a été mis en service à la fin de l'année suivante. Sa capacité, encore supérieure, correspond aux besoins additionnés des foyers des trois villes suivantes en peuplement : Glasgow, Manchester, Édimbourg[3]. Dès lors qu'un pays dispose de côtes qui donnent sur la haute mer, il est en mesure de développer des parcs : qu'on songe aux plus de 200 000 kilomètres de côtes du Canada.

Les éoliennes n'émettent du gaz à effet de serre que pendant leur construction – mais dans des proportions marginales comparativement à l'énergie décarbonée qu'elles produisent ensuite durant leur période d'exploitation. Contrairement aux vents terrestres, les vents marins rencontrent peu d'obstacles sur leur chemin, ce qui explique qu'une éolienne offshore génère deux fois plus d'électricité qu'une éolienne terrestre.

En outre, les parcs éoliens offshore ne font l'objet d'aucune protestation par les habitants locaux (le syndrome bien connu : « pas dans mon arrière-cour »). Situés en haute mer, ils n'occasionnent pas de nuisance visuelle. Les sciences de l'océanographie et la biologie marine permettent par ailleurs de minimiser l'impact de ces parcs sur la faune et la flore. Les éoliennes offshore ont toutefois un inconvénient, celui de déperditions importantes lors du transport de l'énergie depuis la haute mer.

Il est aussi possible de multiplier les installations de petites éoliennes sur terre : c'est l'éolien individuel. Il s'agit d'éoliennes de 3 ou 4 mètres, que l'on peut installer sur un carré de terrain de quelque 70 mètres de côté. Dans les pays riches, quiconque dispose d'un grand terrain, comme des agriculteurs, des industriels ou des propriétaires de forêts domaniales, peut donc se doter d'une ou de plusieurs éoliennes individuelles pour développer l'électricité verte et réduire sa facture d'électricité. Dans les pays émergents ou pauvres, ces petites éoliennes, utilisables « en solo » jusque dans les régions les plus reculées, constituent une bonne alternative pour donner aux populations l'autonomie électrique nécessaire aux besoins les plus immédiats : l'éclairage, la cuisine. Enfin, les espaces urbains susceptibles d'accueillir des éoliennes sont légion, par exemple les toits des gratte-ciel.

Une centrale solaire en forme de pandas géants

Les panneaux solaires peuvent être thermiques ou photovoltaïques : s'ils sont thermiques, l'énergie obtenue sert à chauffer un fluide, qui permet d'avoir de l'eau chaude ou d'alimenter un circuit de chauffage ; s'ils sont photovoltaïques, les panneaux produisent de l'électricité, exploitable indifféremment pour l'éclairage, le chauffage ou l'alimentation de toutes sortes d'appareils ménagers et industriels.

En Californie, Topaz Solar Farm est la plus grande centrale solaire du monde. Cet immense champ de métal de 9 millions de panneaux solaires fournit les besoins en énergie de 160 000 foyers américains. Son fonctionnement ne rejette aucun gaz à effet de serre alors qu'à production similaire, une centrale à charbon en aurait rejeté 400 000 tonnes par an[4].

Pendant ce temps, dans le nord de la Chine, la ville de Datong, célèbre pour le sanctuaire des grottes de Yungang, où se trouvent d'immenses statues rupestres du Bouddha taillées à même la roche, s'est dotée d'une centrale solaire d'un genre nouveau : sur un terrain d'une centaine d'hectares, les panneaux ont été disposés de sorte que, vus du ciel, ils forment le dessin de plusieurs pandas géants.

Le solaire est une énergie verte puisque, contrairement au pétrole, son exploitation n'émet pas de gaz à effet de serre. Les panneaux photovoltaïques sont de nos jours principalement composés de matériaux recyclables. Tous les pays du monde peuvent en bénéficier : il y a simplement une inégalité de potentiel entre régions du monde, le maximum d'ensoleillement annuel étant atteint dans le Sahara.

Tout comme l'éolien, la production mondiale d'énergie solaire connaît une grande floraison planétaire. L'un et l'autre demeurent cependant marginales comparativement à la production énergétique mondiale du pire combustible fossile en matière d'émission de gaz à effet de serre : le charbon.

Il faut faire beaucoup plus, et beaucoup plus vite.

Les enjeux cruciaux du stockage et de la flexibilité du réseau

Pour limiter les dégâts du détraquement climatique, le développement de l'éolien et du solaire est indispensable. Cependant, lorsque le vent tombe, les éoliennes s'arrêtent, et lorsque le soleil est couvert, les panneaux solaires ne fournissent plus d'électricité. Dans les deux cas, l'arrêt de la production d'énergie a pour cause des phénomènes météorologiques incontrôlables et imprévisibles. Autrement dit, contrairement à l'énergie des barrages hydroélectriques, l'éolien et le solaire ne sont pas des énergies pilotables.

Les activités humaines ne peuvent être soumises à un approvisionnement en électricité qui serait aussi instable que la météo quotidienne. Ce problème soulève deux enjeux cruciaux : le stockage et la flexibilité du réseau. Il arrive fréquemment qu'à un instant donné, la production totale d'énergie solaire et éolienne ne soit pas intégralement consommée. Les technologies de stockage de l'excédent, par exemple les batteries, ne sont pas assez performantes. L'excédent est perdu. À l'inverse, fréquemment, à un instant donné, l'éolien et le solaire sont incapables de satisfaire à eux seuls les besoins énergétiques – par exemple, par une froide nuit d'hiver lors de laquelle le vent souffle très peu.

Dit autrement, dès lors que l'énergie éolienne et solaire devient de plus en plus prépondérante, il est indispensable de conserver à côté d'autres sources d'énergie stables et faciles à piloter, afin qu'elles servent de variable d'ajustement. Lorsque l'énergie éolienne solaire est trop basse, leur production est augmentée pour compléter, et inversement. Cela permet un réseau stable parce que flexible.

Or, le pilotage et l'organisation générale des réseaux électriques existants sont obsolètes sur ce plan : ils ne sont adaptés qu'à la distribution d'une production d'électricité stable et pilotée, alors qu'en ce XXIe siècle, les nouveaux réseaux électriques doivent pouvoir gérer en permanence ce grand jeu de vases communicants entre l'éolien et le solaire d'un côté, les énergies stables et pilotables de l'autre.

Parmi les énergies décarbonées, celles qui sont stables et pilotables sont la géothermie, l'hydroélectricité et le nucléaire[5]. Dans un contexte de nécessaire remplacement intégral des énergies fossiles par des énergies vertes, il faut donc toutes les développer massivement afin qu'elles complètent l'éolien et le solaire.

Le refus irrationnel du nucléaire

Tout atome peut schématiquement être représenté par un système solaire. À la place du Soleil, il y a le noyau, composé de protons et de neutrons. À la place des planètes, il y a des électrons, qui lui tournent autour. Pour produire de l'énergie nucléaire, on projette un neutron sur le noyau d'un atome, ce qui provoque sa fission.

La fission génère du rayonnement, de la chaleur et énormément d'énergie. Elle libère aussi quelques neutrons, qui partent provoquer la même réaction sur d'autres atomes. L'énergie produite par cette réaction en chaîne est l'énergie nucléaire.

Les atomes utilisés sont généralement des atomes d'uranium 235.

Pour maîtriser la réaction en chaîne, on utilise des barres de contrôle, généralement en argent avec un complément d'indium et un peu de cadmium. Par leur simple présence, elles capturent une partie des neutrons. Pour amoindrir la réaction ou au contraire l'intensifier, on ajoute ou l'on retire des barres.

Dans une centrale nucléaire, l'énergie produite fait bouillir de l'eau dans un générateur de vapeur. La vapeur fait tourner des turbines, ce qui génère de l'électricité, qui part nourrir le réseau électrique. L'eau, quant à elle, rejoint de grandes tours de refroidissement : une partie se refroidit, revient à température ambiante, puis repart en direction du générateur pour recommencer à bouillir. Le reste s'échappe par le sommet de la tour sous forme de vapeur.

L'inquiétant spectacle de ces énormes colonnes de fumée blanche, qui me faisaient si peur lorsque j'étais enfant, n'est donc en fait que de la vapeur d'eau. Comme l'éolien et le solaire, l'énergie nucléaire ne rejette que très peu de gaz à effet de serre. C'est donc de ce point de vue une énergie verte.

Émissions de gaz à effet de serre selon la source d'énergie en France, en équivalent CO_2 (en gramme par kilowattheures d'énergie finale)

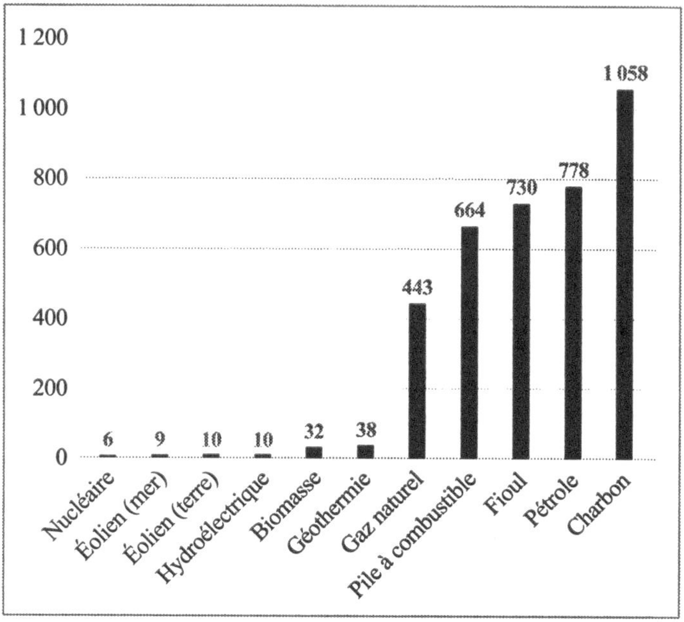

Source : Agence de l'environnement et de la maîtrise de l'énergie.

De surcroît, chaque pastille d'uranium enrichi, qui pèse à peine 7 grammes, peut produire à elle seule autant d'énergie qu'une tonne de charbon. À surface égale, une centrale nucléaire est 300 fois plus productrice d'énergie qu'un parc éolien.

Dit autrement, l'énergie nucléaire est donc de très loin la plus productive parmi les énergies qui ne rejettent que très peu de gaz à effet de serre, ce qui justifierait de souhaiter son développement massif. Elle fait cependant l'objet, depuis plus d'un demi-siècle, d'une vaste mobilisation planétaire d'ONG, d'associations, de collectifs et d'activistes écologistes contre son exploitation et pour son démantèlement intégral.

Je suis donc allé à la rencontre d'une experte de cette source d'énergie.

« L'énergie nucléaire ne fait presque pas de morts »

Sylvaine Dhion a 44 ans. Originaire d'Angers, elle est la fille d'une institutrice et d'un ancien prêtre. « En 1968, mon père a fait partie de ceux qui ont osé réclamer que l'Église change, se souvient-elle. Mais l'Église a refusé, alors mon père a défroqué et il est devenu épicier caviste. » Ingénieure, elle a fait toute sa carrière dans la filière nucléaire.

Elle estime que si elle est devenue écologiste, c'est parce qu'elle est ingénieure : « Nous autres, ingénieurs, voyons le monde comme une somme de problèmes à résoudre. Et le plus grand problème du monde, l'un des plus compliqués aussi, c'est la crise écologique. C'est pour cette raison que ce problème passionne tellement d'ingénieurs. »

Je lui propose de passer en revue les grands arguments antinucléaires :

— Le nucléaire est trop dangereux, donc il faut arrêter : vrai ou faux ? demandé-je. Comment peut-on nous dire que c'est une énergie sûre après Tchernobyl et Fukushima ?

— Le risque zéro n'existe pas et, une fois qu'on a dit ça, la question est la suivante : combien de victimes implique chaque source d'énergie ? Pour qu'on puisse privilégier rationnellement les énergies les moins dangereuses. Là, les choses sont claires. Une étude menée par des chercheurs de l'université de Harvard a mesuré que la pollution et le dérèglement climatique dus aux énergies fossiles ont causé 8 millions de morts dans le monde rien qu'en 2018[6]. Pendant ce temps, même en comptant Tchernobyl et Fukushima, l'énergie nucléaire entraîne extrêmement peu de décès. Même si je n'aime pas cet argument de compter les morts, les faits sont là.

— Les déchets radioactifs sont tellement dangereux que ce problème justifie d'arrêter le nucléaire : vrai ou faux ?

— Faux. Aucune production d'énergie ne génère aucun déchet. Par rapport aux autres industries productrices d'électricité, le nucléaire en émet très peu. Par exemple, les énergies fossiles émettent énormément de CO_2 ; c'est un déchet sous forme gazeuse, c'est très grave pour le climat. Alors que le nucléaire, lui, n'émet pas de CO_2. Je vous parlais de cette étude sur les millions de morts par an à cause des énergies fossiles. Pendant ce temps, les déchets radioactifs du nucléaire, eux, n'ont jamais fait de morts à ce jour.

— Les déchets radioactifs sont dangereux pour la santé et il faut les stocker très longtemps. Ce problème n'est-il pas une raison d'arrêter le nucléaire ?

— Ce sont les déchets à haute radioactivité et à vie longue qui posent problème. Mais la totalité de ces déchets en France tient dans une piscine olympique. Avoir à stocker cette toute petite quantité de déchets vraiment dangereux, c'est très peu en comparaison de l'énorme quantité d'énergie sans rejet de CO_2 que le nucléaire nous fournit. En France, l'Andra[7] surveille de près la gestion des stocks de déchets nucléaires.

Taux de mortalité, par source d'énergie, pour cause d'accidents et de pollution de l'air, par unité d'électricité produite (en nombre de morts par térawattheure)

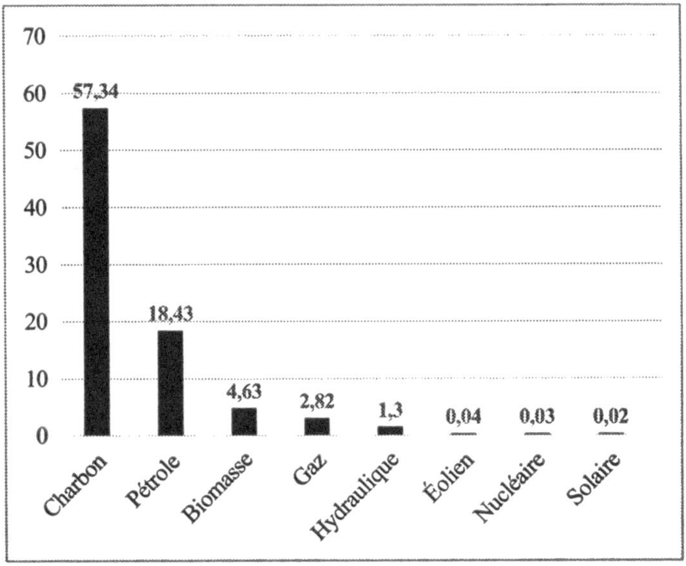

Source : *Our World in Data.*

— Les déchets radioactifs sont tellement nocifs pour l'environnement qu'il faut arrêter le nucléaire : vrai ou faux ?

— Faux. Les déchets nucléaires, même pris dans leur totalité, ne sont pas plus nocifs que les énormes quantités de métaux lourds très polluants, comme le mercure ou le plomb, que l'humanité répand sur la planète.

J'apprendrai par la suite que l'exposition au plomb entraîne environ 900 000 morts dans le monde chaque année.

— Les ressources nécessaires pour produire de l'énergie nucléaire sont trop limitées : vrai ou faux ? continué-je.

— C'est faux pour l'uranium. On a encore des réserves énormes par rapport à l'énergie que produit chaque gramme. Sans aller chercher des régimes politiques douteux, comme au Kazakhstan, on a des réserves significatives au Canada ou en Australie, par exemple. On a aussi de grands stocks de plutonium, d'ailleurs recyclable. En France, par exemple, des réserves sont disponibles pour plusieurs milliers d'années. En revanche, on a aussi besoin de semi-conducteurs, de cobalt… Ces matériaux peuvent venir à manquer.

— Au point de justifier qu'on arrête le nucléaire ?

— Non, mais au point de ne pas mettre tous nos œufs dans le même panier. Il faut surtout enclencher la sobriété énergétique en même temps qu'augmenter la production de toutes les énergies décarbonées : le nucléaire et les énergies renouvelables.

— L'énergie nucléaire nécessite des investissements tellement grands qu'elle constitue partout une filière contrôlée par l'État. Cette énergie est donc automatiquement sous contrôle du gouvernement, ce qui est dangereux en soi : vrai ou faux ?

— La première partie de l'affirmation est vraie : les investissements sont tellement grands, les cycles de construction et d'exploitation sont tellement longs que partout le nucléaire est financé par l'État, et donc sous contrôle de ce dernier. Mais cette situation n'entraîne pas automatiquement d'opacité.

— Même dans les dictatures ? En Chine, en Russie, gros constructeurs de centrales nucléaires en ce moment, ne doit-on pas craindre que les problèmes soient cachés sous le tapis pour ne pas mécontenter les dirigeants ?

— De nos jours, à ma connaissance, à part l'Iran, aucun pays doté de centrales nucléaires ne refuse que ses centrales nucléaires soient inspectées par l'AIEA[8]. Y compris la Chine et la Russie.

À ce stade de l'entretien, je me souviens qu'en pleine guerre d'Ukraine, les autorités russes ont accepté que l'AIEA inspecte la centrale nucléaire de Zaporijjia, en zone de guerre. C'est dire si, même dans les contextes les plus extrêmes et face aux dictateurs les plus nationalistes, l'agence obtient d'inspecter les centrales qu'elle veut.

— Le rendement des centrales nucléaires est trop faible : vrai ou faux ?

— Faux. La réaction nucléaire permet de faire bouillir de l'eau, qui fait tourner une turbine. Le rendement est de l'ordre de 30 %, qui correspond à la physique du cycle thermodynamique. C'est autant que pour un moteur thermique alimenté par de l'énergie fossile. Et c'est plus que le rendement d'un panneau solaire photovoltaïque, qui atteint environ 20 % aujourd'hui.

— L'énergie nucléaire coûte trop cher à produire : vrai ou faux ?

— Faux. Les énergies renouvelables, comme le solaire et l'éolien, sont de plus en plus compétitives, et c'est une très bonne nouvelle. Néanmoins, encore aujourd'hui, le nucléaire fait partie des énergies les moins coûteuses à produire.

— Quand les centrales nucléaires vieillissent, elles deviennent de plus en plus chères à entretenir. Donc, dans une vision à long terme, il faut arrêter le nucléaire : vrai ou faux ? poursuis-je.

— L'argument « C'est très cher » est exact pour la construction de nouvelles centrales dans les pays qui les avaient suspendues durant plusieurs décennies. Dans ce contexte, il est nécessaire de redévelopper les compétences et les filières industrielles, et donc, forcément, ce redémarrage et cette mise à jour de toute la filière coûtent cher. C'est la raison pour laquelle, en ce moment, les États-Unis rencontrent des difficultés avec le chantier des réacteurs de Vogtle, par exemple. C'est un bon argument contre la construction de nouvelles centrales, mais auquel je répondrais que, pour des raisons écologiques, on doit quand même augmenter la production de toutes les sources d'énergie décarbonée, nucléaire inclus.

— Et pour le prolongement de la vie des centrales déjà construites ?

— Là, en revanche, c'est faux. C'est même le contraire. Plus une centrale nucléaire est vieille, plus elle a été amortie financièrement depuis longtemps. Son exploitation est donc très rentable, y compris en comptant le coût des travaux nécessaires pour ajouter dix ans de durée de vie tous les dix ans. Typiquement, en France, l'arrêt de la centrale de Fessenheim était injustifié techniquement et financièrement. Les travaux de prolongement venaient d'être finis et l'Autorité de sûreté nucléaire, qui est indépendante, avait donné son feu vert pour dix années supplémentaires.

Fessenheim avait 42 ans, oui, mais en réalité elle était sûre, amortie et très rentable.

— Beaucoup de centrales sont installées au bord d'un fleuve qui les alimente en eau. Or, le réchauffement global va assécher de nombreux cours d'eau. De plus en plus de centrales devront par conséquent s'arrêter de plus en plus souvent pour cause de cours d'eau à sec, jusqu'à devoir fermer complètement. À tel point qu'il vaut mieux arrêter le nucléaire : vrai ou faux ?

— Globalement faux. Le problème se pose pour les centrales au bord d'un fleuve ou d'une rivière qui ne seraient pas équipées de tours de refroidissement assez efficaces pour réutiliser au maximum la même eau. Donc, en réalité, ce problème force des réacteurs à diminuer la puissance pendant les grandes sécheresses, mais cela concerne trop peu de réacteurs pour mettre en danger l'existence de toute la filière. Surtout, dites bien dans votre livre que, même en développant toutes les énergies propres, on devra aussi passer par davantage de sobriété énergétique. En réalité, la raréfaction des ressources nous forcera à la sobriété, qu'on le veuille ou non.

— J'ai l'impression que le grand choix à faire à ce sujet, c'est soit d'organiser la sobriété tout de suite, calmement et avant les grandes pénuries, soit d'attendre les grandes pénuries et donc de faire la sobriété plus tard, dans la panique, en s'entre-tuant. C'est ça ?

— Oui.

En l'absence d'argument rationnel décisif pour justifier l'arrêt de l'énergie nucléaire, le motif profond des mobilisations antinucléaires est nécessairement irrationnel. Et je pense l'avoir identifié. Lorsque j'entends le mot « nucléaire », l'association d'idées est « bombe nucléaire » et, ce que je visualise, c'est un champignon atomique. Lorsque j'entends le mot « nucléaire », je pense à Hiroshima. En profondeur, l'opposition au nucléaire *civil* est en réalité le masque de notre peur du nucléaire *militaire*.

Une centaine de mégabombes nucléaires suffirait à anéantir toute vie sur Terre. Les arsenaux de l'humanité en comptent, toutes bombes confondues, plus de 12 000. Par rationalisme, j'adhère donc à la grande cause du désarmement nucléaire mondial. Mais par rationalisme également, l'écologisme me conduit à préconiser le développement massif du nucléaire civil, en même temps que celui de l'éolien et du solaire.

Et les autres ?

Les viviers d'énergies vertes ne se limitent pas au potentiel de l'éolien, du solaire et du nucléaire. L'hydroélectricité, la houle et les marées, la géothermie sont autant de pistes à explorer.

L'hydroélectricité est relativement absente des débats. Elle fournit pourtant déjà un sixième de la production mondiale d'électricité, ce qui la classe juste derrière le charbon et le gaz. Contrairement à l'éolien, son flux d'énergie est facilement pilotable, puisqu'il dépend du réglage du débit du barrage hydroélectrique. Moins exigeante technologiquement que le solaire, elle assure souvent à elle seule la majorité de la production dans les pays pauvres. Pourtant, selon l'Agence internationale de l'énergie, la moitié du potentiel mondial de production d'énergie hydraulique n'est pas exploitée à ce jour[9].

Au demeurant, l'énergie hydraulique ne se résume pas à des barrages pharaoniques provoquant, comme aux Trois-Gorges, en Chine, des déplacements massifs de population humaine, la submersion de vallées entières et l'éradication de la biodiversité locale. Il existe aussi des possibilités de micro-hydroélectricité, peu exploitées de nos jours, qui reviennent à ressusciter les moulins à eau du temps jadis pour alimenter des habitations, des villages ou encore des petits commerces.

L'énergie houlomotrice provient des vagues, et l'énergie marémotrice des marées. Tous les sites appréciés des surfeurs peuvent *a priori* produire aussi de l'énergie verte, tout comme l'ensemble des côtes qui, telles celles de mon Finistère d'origine, sont célèbres pour la formidable puissance des grandes marées. Le rendement énergétique de la houle et des marées est cependant faible.

La géothermie, enfin, permet d'exploiter la chaleur produite par l'intérieur du globe terrestre. L'Islande, du fait de son emplacement sur une zone géologique à très forte activité volcanique, assure la quasi-intégralité de son chauffage par l'énergie géothermique[10]. Le modèle islandais prouve que cette énergie verte est maîtrisable. Or, selon la Banque mondiale, seulement 15 % des sources identifiées sont aujourd'hui exploitées[11].

Remplacer les énergies fossiles par des énergies vertes paraît pour beaucoup un objectif inatteignable. C'est pourtant possible. En 2019, un recueil de 180 travaux de recherche publiés de 2004 à 2018 par des revues scientifiques soulignait « la faisabilité technique et la viabilité économique de systèmes énergétiques à 100 % basés sur les énergies renouvelables[12] ».

Arrêter totalement le pétrole, le charbon et le gaz est donc, d'abord et avant tout, affaire de volonté politique et de courage de nos gouvernements, mais aussi et surtout des activistes, des collectifs et des ONG capables de faire pression sur ces derniers. Réussir sera très difficile, car il faudra aussi bien aller vers une consommation plus sobre que développer massivement les énergies décarbonées. C'est donc un immense défi. Mais *c'est possible*.

8.

Les transports verts

En ce qui me concerne, l'évolution peut aller au diable. Quelle erreur nous sommes. En cent ans d'une absurde orgie de transports, nous avons blessé mortellement le havre de vie délicat qu'est cette planète, le seul de toute la Voie lactée.

Kurt Vonnegut,
romancier, auteur d'*Abattoir 5 ou la Croisade des enfants*

Une vaste révolution écologique des transports est nécessaire. Nous devons remplacer dans les grandes villes les voitures par la piétonnisation. Nous devons également développer les innovations qui existent déjà.

Cette transformation des transports est indispensable, car ce secteur pèse à lui seul entre 20 et 24 %

des rejets de CO_2 de la consommation humaine[1]. Tous les transports sont concernés : aérien, ferroviaire, maritime, routier, etc.

Le scénario de l'IEA : des transports verts pour 2070

D'ici 2070, l'Agence internationale de l'énergie (IEA) estime que le volume total des transports va doubler, que le nombre de propriétaires de voitures va plus que doubler et que la demande de transport aérien va tripler[2]. Si, comme à l'heure actuelle, les énergies fossiles se taillent la part du lion, tandis que les énergies vertes sont encore marginales, cette évolution fera basculer la Terre dans le scénario bouillonnant d'une planète infernale.

L'IEA a cependant évalué que, pour plusieurs types de transports, faire s'effondrer les émissions de gaz à effet de serre est réalisable en quelques décennies. C'est vrai dans le cas du transport routier grâce au remplacement intégral, ou presque, des carburants fossiles par l'énergie électrique, à condition qu'elle provienne elle-même d'une énergie décarbonée[3].

La conversion des autres types de transport aux énergies vertes demeure en revanche à ce jour difficile à accomplir : il s'agit du transport aérien, du fret routier et du transport maritime[4]. En effet, jusqu'à présent, la capacité de stockage des batteries électriques est insuffisante pour les besoins énergétiques des avions, des camions et des navires, alors que l'éventuel recours à l'hydrogène pose doublement problème : les réservoirs à installer seraient énormes ; l'hydrogène, contrairement à sa réputation, est lui aussi un gaz à effet de serre[5]. Par conséquent, il faudra employer massivement des carburants végétaux[6].

Surtout, dans le scénario de conversion des transports aux énergies vertes, les deux tiers des baisses d'émissions de gaz à effet de serre sont obtenues grâce à des technologies qui ne sont pas encore commercialisées[7]. Le problème n'est pas qu'elles n'existent pas. Elles sont en réalité insuffisamment exploitées par l'économie mondiale. Sur ce point, les gouvernements ont trois leviers : de nouvelles normes plus exigeantes ; des commandes publiques avec ces technologies ; des taxes sur l'existant polluant pour subventionner l'innovant vert[8].

Un avion qui vole grâce au soleil

Solar Impulse 2 est le prototype final de l'avion solaire développé dans les années 2000-2010 par l'École polytechnique fédérale de Lausanne[9], en Suisse. Cet appareil monoplace à moteurs électriques est uniquement alimenté par l'énergie solaire. Le 26 juillet 2016, en atterrissant à Abu Dhabi il a effectué le premier tour du monde accompli par un avion propulsé exclusivement à l'énergie solaire.

L'Hyperloop, quant à lui, reprend une technologie de transport bien connue : le pneumatique. Au mitan du XXe siècle, des réseaux de tubes pneumatiques étaient installés dans plusieurs grandes villes du monde. Ils permettaient de propulser sous vide, à des vitesses phénoménales et pour une consommation d'énergie minime, des lettres, des documents divers ou de petits objets.

L'idée de l'Hyperloop consiste à faire la même chose en plus grand, sous la forme de navettes à lévitation électromagnétique, se déplaçant dans des tubes sous vide pour transporter des passagers et des marchandises. Cela a été imaginé dès le début du XXe siècle par Robert Goddard, ingénieur américain spécialiste des fusées[10]. En 2019, une expérience de l'université technique de Munich a établi le record mondial de vitesse en Hyperloop : 463 kilomètres/heure[11]. Reste que le développement de ce mode de transport supposerait de construire tout un réseau dédié, ce qui, jusqu'à ce jour, limite son développement.

L'avion solaire et l'Hyperloop constituent deux bons exemples d'innovations écologiques qui tardent à éclore faute de demandes ou d'incitations gouvernementales suffisantes. Il existe toutefois un autre mode de transport très écologique qui présente l'avantage d'être bien plus facile à développer : le train électrique.

L'immense potentiel écologique du train

Contrairement à ce que croient de nombreux Français, le TGV de la Société nationale des chemins de fer (SNCF) n'est pas le premier train à grande vitesse du monde : le tout premier est né au Japon en 1964 pour relier Tokyo à Osaka, et il porte le nom de Shinkansen.

Les trains à grande vitesse fonctionnent à l'électricité. Leurs rejets de gaz à effet de serre sont donc nuls ou proches de zéro, à condition que le courant qui les alimente soit d'origine décarbonée. Le même constat vaut pour les trains en général, car de nos jours il n'existe plus de trains à vapeur. En ce début de XXIe siècle, presque tout train sur Terre est déjà électrique.

Le potentiel écologique du transport ferroviaire est donc immense, car, même dans les pays riches, sa part dans le transport des passagers et des marchandises reste faible. L'examen du cas de l'Union européenne – 17 % de l'économie mondiale – est saisissant.

Le constat est sans appel : 80 % du transport des passagers et 75 % du transport de marchandises se fait, à l'intérieur de l'Union européenne, en voiture. Pendant ce temps, alors que le ferroviaire est plus écologique, le fret en train ne pèse que 17 %, et le transport de passagers 7 %. Les modes de transport en Europe marchent sur la tête. Il est impératif de massifier le transport *ferroviaire* des marchandises, en lieu et place du camion.

Transports aérien et maritime : la nécessité des carburants alternatifs

Pour résoudre le problème des transports, il faut remplacer les énergies fossiles par des carburants verts. Cette évolution a déjà commencé dans le transport aérien, grâce aux carburants alternatifs durables (SAF), qui sont produits à partir de végétaux (biocarburants). L'Airbus 350 les utilise déjà. Un effort considérable de renouvellement des moteurs se révèle par ailleurs indispensable, car les SAF sont significativement plus corrosifs que leur concurrent fossile, le kérosène.

La conversion du transport aérien aux SAF demeure cependant très lente et très timide : ils sont cinq fois plus chers que le kérosène et leur production totale ne couvre que 0,01 % des besoins mondiaux de l'aviation. Le serpent se mord la queue, puisque, faute de demande, la production croît peu, et, faute de production, la demande déjà existante peine à être satisfaite. Là encore, si l'évolution demeure trop timorée, c'est par manque de normes et d'incitations suffisantes de la part des gouvernements. Néanmoins, si demain la consommation de kérosène est lourdement taxée pour subventionner le passage aux SAF, la conversion du transport aérien peut subitement devenir rapide et intensive.

En 2021, l'ONG The Shift Project a publié un rapport proposant deux scénarios de transition écologique du transport aérien d'ici 2050, fondés sur la conversion massive du secteur aux SAF. En hommage au film culte *Top Gun*, ils s'appellent respectivement Maverick et Iceman[12] :

— Dans le scénario « Maverick », des investissements massifs et très rapides sont effectués dans le secteur aérien pour le décarboner. Son intensité et son rythme présentent de multiples risques de saturation des capacités des industries à satisfaire la cadence exigée. Au bout de quinze ans, la flotte mondiale s'est convertie aux SAF, dont la production est maximale.

— Dans le scénario « Iceman », plus lent pour laisser davantage de marges de mise en œuvre, la flotte est renouvelée en vingt-cinq ans et le transport aérien, en 2050, n'est converti qu'à 50 % aux SAF[13].

Quant au transport maritime, qui représente 90 % du transport de marchandises, sa conversion aux SAF est à ce jour inexistante. Rien ne s'oppose pourtant à ce que les navires soient convertis eux aussi aux carburants alternatifs durables.

À noter qu'en l'état actuel des terres cultivées, massifier la production de SAF ferait inévitablement peser une forte tension sur l'agriculture. Ce problème de saturation des capacités de production de biocarburant peut cependant être résolu par la conversion de l'humanité au véganisme ou au flexitarisme.

Avant tout, priorité aux transports collectifs

En matière d'empreinte carbone, le transport électrique, s'il est alimenté par des énergies vertes, est préférable au transport qui se nourrit d'énergies fossiles. Ainsi, *considérées sur la totalité de leur cycle de vie*, les voitures électriques sont très largement préférables aux voitures à essence.

Néanmoins, à énergie employée identique, les transports en commun sont préférables aux transports individuels grâce aux économies d'échelle qu'ils permettent en termes de consommation d'énergie. Si l'on compare les transports ferroviaires à la voiture électrique, tous deux fonctionnent à l'électricité, mais l'empreinte carbone par passager des transports en commun est beaucoup plus basse. Il s'ensuit qu'une stratégie efficiente de transformation des transports doit être fondée sur des objectifs ambitieux :

— Passer au tout-électrique ;

— Favoriser les transports en commun au détriment des transports individuels.

Prioriser les transports en commun présente en substance trois grands cas de figure :

— Dans les grandes villes, tous les transports à énergies fossiles doivent être remplacés par des transports à électricité verte, les bus à essence cédant la place aux bus électriques et aux tramways. Il faut massifier encore davantage le trafic des transports en commun afin qu'il y ait assez de place pour tout le monde.

— À l'exception des livraisons matinales de marchandises (qui devront passer au camion électrique), il est impératif de bannir les voitures et les camions des grandes villes. Londres l'a quasiment fait grâce à des péages prohibitifs aux entrées de la ville. La condition *sine qua non* d'équité de ce type de politique reste toutefois qu'il soit possible de se rendre agréablement dans le centre depuis la périphérie *via* les transports en commun.

Il importe de faire des choix clairs de piétonnisation de quartiers entiers, mais aussi de séparation bien nette entre les espaces destinés aux piétons, aux vélos, aux voitures et aux transports en commun. À l'opposé de ce qui se fait à Paris, où tous ces espaces se chevauchent très largement.

— À la campagne, *a minima*, il faut remplacer les voitures à énergies fossiles par des voitures électriques, des vélos électriques et des vélos. *A maxima*, il vaudrait mieux donner la priorité au développement des bus électriques et des « petites lignes » de trains – qu'il suffirait dans plusieurs pays de rouvrir.

Le télétravail, une révolution déjà commencée

Nous devons par ailleurs pérenniser la conséquence la plus durable de la pandémie de Covid-19 sur le monde du travail : le télétravail de masse. Aujourd'hui, cette possibilité est connue de toutes et de tous, cela n'a pas toujours été le cas.

J'ai fait partie en France des premiers à préconiser son développement. C'était en 2015. Je tenais à l'époque, dans la matinale de Jean-Jacques

Bourdin, sur RMC, une chronique quotidienne baptisée « Guénolé, c'est du concret ». Lever à 5 h 45, prise d'antenne à 7 h 20, et à 7 h 25 c'était terminé – commençait alors le travail de documentation et d'écriture pour la chronique du lendemain. Il faut imaginer Sisyphe éditorialiste.

Au bout de quelques semaines, je décidai de consacrer un épisode à l'idée de développer massivement le télétravail en France, que j'avais eu la chance de pratiquer et dont j'étais devenu un ardent partisan. À l'époque, le télétravail n'existait presque pas en France. Ce jour-là, à 7 h 20 pétantes, ma chronique en plaida les multiples avantages. Les embouteillages sur les autoroutes et dans les grandes agglomérations disparaîtraient. À partir de deux jours par semaine, il deviendrait économiquement viable de déménager à la campagne, d'où la possibilité pour des millions de foyers de s'installer dans un domicile plus grand, avec un jardin plus vaste, une qualité de vie meilleure pour les enfants, ainsi que beaucoup de temps de transport supprimé au bénéfice des loisirs et de la vie familiale. L'on constaterait en outre l'effondrement des rejets de gaz à effet de serre et de la consommation d'énergie dû aux transports automobiles et aux transports en commun.

— Ça va plaire aux gens, ton idée, commenta Jean-Jacques Bourdin, hors antenne, de son ton bourru coutumier.

Une vingtaine de minutes plus tard, alors que j'étais déjà dans le métro pour regagner mes pénates, je reçois un coup de fil d'Anne Bingler, productrice de la matinale :

— Jean-Jacques voudrait que tu reviennes à l'antenne pour parler plus longtemps du télétravail.

— Pourquoi ?

— Ta chronique a fait exploser le standard. On reçoit plein d'appels de gens qui disent qu'ils veulent du télétravail pour aller s'installer à la campagne.

Cinq ans plus tard, le brusque passage de centaines de millions de personnes au télétravail durant des semaines et des mois, pour cause de confinements pandémiques, a transformé cette organisation du travail jusqu'alors minoritaire ou marginale en une véritable expérience collective de masse. Nous avons alors pu constater que le télétravail n'est ni sans inconvénients ni sans difficultés, que ce soit à l'échelle de l'employé, de l'entreprise ou du pays. Par exemple, une fois en télétravail, une partie des salariés se sont rendu compte qu'ils avaient du mal à séparer leur vie professionnelle de leur vie privée. Autre exemple, le *middle management* peut avoir du mal à passer de la distribution de tâches au management par objectifs. Or, cette transition est généralement indispensable lorsque l'on adopte le télétravail.

Néanmoins, massifier le télétravail génère beaucoup plus de bénéfices qu'il ne pose de problèmes.

Enfin, même en prenant en compte l'accroissement de l'utilisation du numérique et de son empreinte carbone, écologiquement, le jeu en vaut vraiment la chandelle. À titre d'illustration, la valeur économique de l'impact écologique positif du télétravail dans une ville moyenne d'Espagne a été évaluée à plus de 800 millions d'euros pour un taux de télétravail de seulement 15 %[14].

Il convient en effet de rappeler cette évidence : le transport le plus écologique de tous, c'est celui que l'on n'emprunte pas. Si l'on prend garde à conserver une activité physique quotidienne, le télétravail représente donc un très puissant levier de baisse de l'impact écologique des transports.

9.

L'adieu aux déchets

Quel ensemble de salle à manger me définit le mieux en tant que personne ?

Chuck Palahniuk, écrivain et auteur du roman *Fight Club*

Chaque seconde, 220 millions de briquets jetables sont produits et vendus dans le monde. Chaque année, les États-Unis d'Amérique consomment plus de 14 milliards de gobelets jetables pour boisson chaude. Dans l'archipel des Maldives, célèbre pour ses lagons paradisiaques et ses récifs coralliens, le tourisme a produit tant de déchets que l'île de Thilafushi a été transformée en décharge. Au Ghana, une banlieue de la capitale Accra, Agbogbloshie, est devenue une décharge géante où s'accumulent des millions de tonnes de déchets électroniques et automobiles en provenance du monde entier[1].

Notre civilisation consumériste est fondée sur le tout-jetable. En 2020, une fois soustraits ceux qui ont été recyclés ou réutilisés, l'espèce humaine a produit 1,9 milliard de tonnes de « déchets résiduels », c'est-à-dire non recyclés ou non réutilisés, qui ont été entreposés dans des décharges ou sont partis à l'incinérateur. Selon la Banque mondiale, en 2050, la quantité mondiale de nouveaux déchets par an aura doublé par rapport à 2016[2].

Cette gigantesque accumulation planétaire de déchets est intenable. Elle requiert que nous passions de la culture du tout-jetable à celle des produits durables. Comment ? En développant massivement le recyclage, en arrêtant l'obsolescence programmée, en nous servant de la low-tech et de la science des matériaux.

Les multinationales au tribunal

Nayla Ajaltouni, déléguée générale du collectif Éthique sur l'étiquette, m'a expliqué comment faire adopter, par les multinationales du vêtement, des modes de production écoresponsables.

— Vous n'adhérez pas au discours ambiant de culpabilisation individuelle des consommateurs de vêtements. Pourquoi ?

— Parce qu'il dépolitise entièrement le débat, me répond-elle. Il permet aux gouvernements et aux grandes entreprises de se laver les mains de leur responsabilité. Si responsabilité individuelle il y a, elle doit être dans les mobilisations collectives pour obtenir des changements d'ordre politique. Nos combats n'émergent que si l'on a une base citoyenne de soutien, qui fait pression sur les pouvoirs publics, eux-mêmes trop cyniques, trop proches des milieux d'affaires, ou les deux, pour prendre spontanément l'initiative de changer les choses.

— Vous parlez de « combats ». Quel combat en particulier vous semble prioritaire ?

— Les campagnes d'interpellation des entreprises ne fonctionnent pas. Elles nous font perdre du temps et de l'énergie sans résultats, tout en permettant aux multinationales de cocher la case « J'ai dialogué avec la société civile ». Nous avons donc choisi une stratégie de plaidoyer pour une réglementation contraignante. Le combat d'Éthique sur l'étiquette est le devoir de vigilance des multinationales. En 2011, l'ONU a adopté les principes directeurs des Nations unies relatifs aux entreprises et aux droits de l'homme. C'est une grande avancée du cadre normatif international. Dans ce texte, le devoir de vigilance signifie que, sur toute sa chaîne de valeur, ce qui inclut tous les sous-traitants, une multinationale doit prévenir les impacts négatifs, et non pas seulement traiter les effets une fois qu'ils se sont produits. Surproduire, ce n'est pas prévenir les impacts. Sous-traiter au Bangladesh en fermant les yeux sur les dégâts environnementaux n'est pas prévenir les impacts.

— Plaider pour une réglementation contraignante est-il payant ?

— Oui. Cela nous a pris cinq ans, mais nous avons obtenu que le devoir de vigilance reconnu par les Nations unies soit traduit dans la loi française[3]. Depuis, en France, on peut traduire des entreprises devant des tribunaux français en cas de manquement à leur obligation de vigilance, ayant causé des atteintes graves à l'environnement ou des violations graves des droits fondamentaux. C'est vraiment une loi pionnière : elle a fait des émules dans plusieurs pays européens, et une directive sur le devoir de vigilance est actuellement en travaux au niveau des institutions européennes.

— Ce projet de texte européen est-il satisfaisant ?

— Non. C'est encore très insuffisant. Nous visons des sanctions plus développées, une responsabilité à la fois civile et pénale des multinationales. Nous voulons que la directive compense les insuffisances des législations nationales : en France, par exemple, la loi ne prévoit pas d'instances de contrôle et refile le bébé du travail de contrôle à la société civile. Nous voulons pousser les multinationales du textile à changer de modèle économique, à changer leurs modes de production. Pour ce faire, il faut que produire de manière écologiquement irresponsable leur coûte trop cher[4,5].

— À votre avis, rétrospectivement, pourquoi avez-vous obtenu autant de succès sur la bataille du devoir de vigilance ?

— La leçon à retenir, c'est que, pour avancer, il faut d'abord des mobilisations de la société civile qui font pression sur un État européen économiquement fort, qui va ainsi devenir pionnier dans sa législation. Puis cela va essaimer dans d'autres pays d'Europe. Et *in fine* jusqu'à l'échelle de l'Union européenne, une fois que vous avez identifié et développé les réseaux européens favorables.

S'inspirer du recyclage allemand

Il n'y a que quatre grandes façons de traiter des déchets ménagers : l'entassement dans des décharges, le recyclage, le compostage et l'incinération. Examiner une sélection de pays d'Europe permet de constater qu'il existe d'énormes divergences entre les modèles nationaux.

L'Allemagne relève du pays modèle, puisque la moitié de ses déchets ménagers partent en recyclage tandis que l'accumulation dans des décharges est proche de zéro. À l'inverse, en Espagne, la moitié des déchets ménagers finissent à la décharge et le taux de recyclage dépasse à peine les 20 %. La Suède semble écologiquement vertueuse, avec un entassement en décharge quasiment nul, mais c'est parce que 60 % de ses déchets partent à l'incinérateur. Quant à la France et au Royaume-Uni, l'incinération s'y trouve très nettement en tête[6].

Le cas de l'Allemagne prouve la faisabilité d'une société beaucoup plus massivement adepte du recyclage. Bien qu'elle soit la quatrième puissance économique mondiale, sa production de déchets par habitant est inférieure de moitié à la moyenne mondiale. Cette excellence s'explique par un système de recyclage draconien. Pas moins de six catégories différentes de poubelles : jaune pour le plastique, bleue pour le papier et le carton, blanche pour le verre transparent, marron pour le verre coloré, vert pour le verre vert – la sixième servant aux déchets organiques et alimentaires.

Les règles de tri sont très strictes : les cartons d'emballage de pizzas doivent aller dans la poubelle alimentaire et non pas bleue, en raison des restes qui généralement s'y trouvent et qui obstrueraient les appareils des centres de recyclage. Les déchets complexes à traiter, tels que batteries, ampoules et tubes fluorescents, ne sont autorisés dans aucune des six poubelles : les consommateurs doivent les apporter dans des centres spéciaux de recyclage. Le système du *Pfand* (« consigne ») fait payer une caution sur l'achat de tout produit en bouteille. À charge pour les consommateurs de rapporter les bouteilles vides au magasin d'achat ou de les jeter dans des machines dédiées, ce qui leur permet de récupérer l'argent de la caution à la caisse ou déduit de leurs courses.

Enfin, et surtout, si des sacs-poubelle ne respectent pas la totalité des règles (la façon de trier, l'emploi de sacs réglementaires, le dépôt au jour et heure prévus…), la sanction est simple et frappe tout le quartier : les éboueurs ne ramassent pas les ordures en infraction. Il en va de même pour les entreprises, industries incluses[7].

L'obsolescence déprogrammée ?

L'obsolescence programmée recouvre l'ensemble des méthodes par lesquelles des entreprises réduisent la durée de vie des produits qu'elles mettent sur le marché, dans le but de maximiser leurs ventes de nouveaux modèles et leurs profits. De nos jours, le cas le plus emblématique est l'industrie du smartphone : l'iPhone, né en 2007 et impossible à démonter, en est aujourd'hui à son *38e* modèle en quinze ans.

Je suis allé à la rencontre de Samuel Sauvage, cofondateur de l'ONG Halte à l'obsolescence programmée (HOP), afin qu'il m'explique comment mettre fin au règne de ladite obsolescence sur nos produits. Après une conférence de l'environnementaliste Pierre Rabhi, qui a provoqué chez lui une profonde prise de conscience écologiste, il a eu envie de chemins concrets, opérationnels, pour transformer l'économie consumériste en économie écodurable.

— Confirmez-vous que miser sur le changement des comportements individuels de consommation n'est pas la bonne approche ? lui demandé-je.

— Oui. Les règles du monde économique ne sont tout simplement pas prévues pour permettre une consommation vertueuse. C'est même le contraire : elles nous poussent au consumérisme. Il faut vraiment être un consommateur héroïque pour arriver à acheter durable et à jeter moins : cela coûte souvent plus cher, cela prend beaucoup de temps pour bien s'informer sur les produits… Et, même si tous les consommateurs y parvenaient, ce ne serait pas suffisant car on n'aurait pas agi sur les infrastructures et les grandes entreprises.

— Si l'approche par les comportements individuels de consommation n'est pas la bonne, alors que faut-il faire ?

— Il nous faut d'autres règles du jeu : des normes, des taxes, des incitations… HOP a conçu un livre blanc comprenant 50 propositions concrètes, sourit Samuel Sauvage.

— C'est noté, je mettrai la référence dans le livre[8].

— Cela n'empêche pas d'essayer d'orienter les comportements des consommateurs, nuance-t-il. D'ailleurs, le chantier sur lequel nous avons le plus avancé jusqu'à maintenant, c'est l'information du consommateur[9]. Non pas parce que c'est le plus efficace, mais parce que c'est le plus facile à faire accepter par des gouvernements de sensibilité libérale. À quel point le produit est-il durable ? À quel point le produit est-il réparable ? Aujourd'hui, c'est la croix et la bannière pour le consommateur s'il veut obtenir ces informations. Il faut au contraire qu'elles accompagnent obligatoirement le produit, qu'elles soient bien lisibles et faciles à comprendre. Ainsi, le consommateur peut choisir des produits écologiquement plus vertueux pour quelques euros ou quelques centimes de plus – s'il peut se le permettre, bien sûr.

— À vous entendre, c'est bien mais insuffisant.

— Non, en effet. Je préfère travailler sur les garanties. Aujourd'hui, en règle générale, le produit que vous achetez est sous garantie pour deux ans. Il faut faire plus. Par exemple, la durée de garantie des smartphones doit passer de deux à cinq ans. La durée de vie moyenne actuelle des smartphones est de deux ans : si la garantie passe à cinq, du jour au lendemain, le produit sera conçu pour durer davantage ! Le produit sera aussi de plus en plus robuste et facile d'emploi, puisqu'il sera dans l'intérêt du producteur qu'il dure plus longtemps.

— Cela passe donc par des normes de production plus exigeantes, c'est bien ça ?

— Oui. Prenez le cas de l'électroménager. Les pièces détachées pour réparer le produit doivent être disponibles pendant au moins dix ans et facilement accessibles pour que la réparation puisse être faite sans difficulté. En ce qui concerne les appareils informatiques, les mises à jour doivent être réversibles, dans le cas où elles fonctionnent mal. Il faut aussi qu'on puisse techniquement choisir de n'installer que le strict minimum : les mises à jour de sécurité.

— Selon vous, faut-il passer aux garanties de cinq ans pour les produits *en général* ?

— Tout dépend bien sûr des spécificités des produits, mais, oui, c'est l'objectif vers lequel il faut tendre. Les tee-shirts à 2 euros que vous devez jeter au bout de deux mois ne devraient même pas exister : leur bilan écologique est désastreux, car ils s'usent très vite. On doit pouvoir passer à des vêtements qui durent au moins cinq ans même quand ils sont bas de gamme.

— N'est-ce pas compliqué en pratique de faire jouer la garantie ? objecté-je. Il faut retrouver le bon papier chez soi, il faut s'y prendre à temps, il y a toute une paperasse à remplir…

— Là-dessus, la bonne approche, c'est de renverser la charge de la preuve. Il faut que légalement ce soit au producteur de prouver que votre produit n'est plus sous garantie, et non à vous de prouver qu'il l'est encore. Ce sera au fabricant d'archiver les preuves de la date et des conditions de l'achat, et non plus à vous d'avoir un tiroir rempli de papiers de garantie. Cela passe par un ticket de caisse numérique.

— Le grand argument contre des normes de production plus exigeantes et des garanties plus longues, c'est qu'elles font monter les prix et nuisent donc au pouvoir d'achat, en particulier des plus pauvres. Que répondez-vous à cela ?

— Qu'aujourd'hui, ce sont justement les plus pauvres qui subissent le plus l'obsolescence programmée, en étant contraints d'acheter et de racheter des produits qui tombent en panne. Des produits qui durent longtemps, ce sont des économies de pouvoir d'achat à long terme. Mais, en effet, il faut rendre les produits durables moins chers. Par exemple, en surtaxant les produits écologiquement désastreux et en subventionnant les produits écoconçus.

— Donc, en pratique, vous proposez que la TVA soit différente selon que le produit est plus ou moins écologiquement vertueux ?

— Oui. Par exemple, il est évident que la TVA sur les produits d'occasion ou 100 % issus du recyclage doit être très basse, alors que la TVA sur du 100 % neuf doit être au contraire très élevée. Pour continuer concernant les enjeux absolument prioritaires, j'aimerais vous parler de la publicité.

— Ah ! m'exclamé-je. Là, vous prêchez un convaincu. En me documentant à ce sujet pour un autre livre[10], j'ai appris qu'avant l'âge de raison (7-8 ans), le cerveau des enfants n'est pas encore suffisamment fort pour résister aux envies et aux frustrations que les messages publicitaires font entrer dans leur esprit. *Idem* pour les adultes s'ils sont fatigués ou inattentifs. Autrement dit, la publicité est un dispositif de viol cérébral.

— C'est malheureusement vrai. D'ailleurs, les milliards dépensés par les multinationales en campagnes publicitaires prouvent que ça marche. Sinon elles ne les dépenseraient pas. Or, par définition, la publicité est le plus puissant moteur du consumérisme, donc du gaspillage et de l'obsolescence programmée.

— Que peut-on faire contre la publicité ?

— Il n'existe pas de remède miracle, mais quelques grandes mesures peuvent être prises.

On peut déjà interdire la publicité pour tous les produits écologiquement nuisibles. Après tout, il n'est pas cohérent qu'on interdise la publicité pour l'alcool et les cigarettes à cause de leur effet sur la santé, et qu'on autorise la publicité pour les SUV malgré leur effet sur l'environnement. On peut mettre des normes plus exigeantes sur l'affichage publicitaire, par exemple pour arrêter ces panneaux numériques placés dans les gares et les aéroports qui consomment autant d'énergie à l'année qu'une famille de quatre personnes. On peut normer les panneaux dans les rues pour qu'ils soient plus petits, moins invasifs, moins agressifs. Certaines personnes proposent d'imposer des avertissements écologiques sur les produits avec une mention telle que « Surconsommer nuit gravement à l'environnement », comme le « Fumer tue » des paquets de cigarettes, mais je ne suis pas sûr que cela fasse vraiment baisser la consommation…

— Je suis d'accord avec vous, je ne pense pas que cela marcherait. Et c'est un ex-fumeur qui vous parle. En revanche, une fois que le message d'avertissement écologique est présent sur les emballages, la société de consommation a perdu la bataille de l'image, elle est littéralement marquée au fer rouge. C'est en soi un résultat intéressant.

— L'autre possibilité serait de taxer les dépenses de publicité et d'utiliser cet argent pour subventionner des campagnes de sensibilisation à la consommation responsable.

— Que faut-il faire d'autre ? demandé-je.

— Enseigner à l'école les bases du bricolage et de la récup ; installer dans toutes les déchetteries un centre d'accès gratuit à tous les objets susceptibles d'avoir une seconde vie ; mettre des normes écologiques plus exigeantes sur les commandes publiques : les administrations ne devraient commander que des produits issus du réemploi ou du recyclage. Pour peu que la volonté d'agir existe, on peut changer énormément de choses dès demain. C'est concret, c'est écologique, c'est social, c'est de l'emploi local. En réalité, il n'y a pas de bonnes raisons de ne pas avancer.

La low-tech : construire soi-même son ordinateur

Au-delà du recyclage, comment faire baisser la consommation de ressources rares, ou celles dont l'extraction ou la consommation pose des problèmes d'impact écologique ? La low-tech et la science des matériaux alternatifs offrent des réponses à ces questions.

La low-tech se donne pour but de faire baisser le plus rapidement possible l'empreinte écologique de l'espèce humaine, et d'anticiper les pénuries d'énergie et de ressources, en passant à des produits technologiquement plus simples. Les produits low-tech sont moins voraces en ressources et plus durables parce que plus faciles à entretenir et à réparer. Après de premiers travaux pionniers dans les années 1970, la low-tech connaît une renaissance depuis les années 2010, notamment grâce à l'ingénieur français Philippe Bihouix[11].

Basée dans le Finistère, en Bretagne, l'association Low-tech Lab inventorie, conçoit et diffuse des tutoriels pour fabriquer soi-même des objets à basses technologies, faiblement énergivores et peu voraces en ressources. On trouve ainsi sur sa plateforme, pêle-mêle, la recette pour préparer des sodas et des boissons fermentées maison, construire un chauffe-eau solaire ou encore fabriquer un ordinateur limité à ses fonctions indispensables : le tout en low-tech[12].

Texte explicatif de ce à quoi s'engage un produit low-tech

DURABILITÉ FORTE

1 Sobriété

Recentre sur l'essentiel et tend vers l'optimum technologique : plus basse intensité et plus grande simplicité technologiques permettant d'assurer les besoins avec un haut niveau de fiabilité

2 Efficience

Minimise la consommation d'énergie et de ressources, depuis l'extraction des matières premières jusqu'à la fin de vie en passant par la production, la distribution et l'utilisation

3 Pérennité

Présente une viabilité technique, fonctionnelle, écologique et humaine maximale à court, moyen et long terme

RÉSILIENCE COLLECTIVE

4 Maintenabilité

Peut être entretenu et réparé par les utilisateurs eux-mêmes autant que possible, avec des pièces et matériaux standards

5 Accessibilité

Offre une simplicité d'utilisation maximum

6 Autonomisation

Est fabriqué à partir de ressources exploitées et transformées le plus localement possible

TRANSFORMATION CULTURELLE

7 Empouvoirement

Facilite l'appropriation par le plus grand nombre, confère du pouvoir aux citoyens et aux territoires

8 Reliance

Favorise le partage de savoirs et de savoir-faire, la coopération, la solidarité, la cohésion sociale et les liens entre collectivités

9 Simplification

Décomplexifie la société aux niveaux socio-économique et organisationnel à partir d'une réflexion sur les besoins et les vulnérabilités

Infographie d'Arthur Keller et Émilien Bournigal (CC BY-SA 4.0).

La science des matériaux, quant à elle, étudie les différentes propriétés mécaniques, chimiques, électriques et autres des matériaux. Elle favorise l'utilisation de nouveaux matériaux permettant au produit de remplir son usage de façon équivalente, voire supérieure pour une consommation de ressources et une empreinte carbone plus basses – par exemple, en remplaçant les plastiques conventionnels, tirés du pétrole, par des plastiques végétaux[13].

Nous ne sommes donc pas condamnés au tout-jetable et aux montagnes de déchets. Nous pouvons, nous *devons*, entrer dans l'âge du tout-réparable, du tout-récupérable et des produits durables.

10.

Un Plan Marshall pour la planète

Faire un chèque est ce qui distingue une simple conversation d'un véritable engagement.

Warren Buffett,
investisseur et milliardaire américain

Pour traiter des politiques économiques vertes, je suis allé rencontrer Didier Schlacther, professeur honoraire des universités à la Fondation nationale des sciences politiques (Sciences Po). Ayant enseigné l'économie et les mathématiques financières rue Saint-Guillaume pendant près d'un demi-siècle, il était une véritable légende locale. Le seul professeur de l'établissement pour qui, bien qu'il n'assurât pas un cours magistral, il fallait quand même prévoir un grand amphithéâtre au lieu d'une simple salle, tellement son cours était bondé.

Imaginez un personnage tout droit sorti d'un roman d'espionnage des années 1950. Lunettes sévères à montures épaisses, visage austère de cadre dirigeant de la RDA mais allumé d'un regard rigolard, Gauloises sans filtre fumées à la chaîne… Avec cela, il est assez rare que la même personne soit simultanément un économiste, auteur de manuels à succès ayant eu Raymond Barre[1] pour directeur de thèse, et un auteur chevronné de contrepèteries en latin.

Le professeur Schlacther est devenu mon mentor quand j'étais doctorant en science politique, à la charnière des années 2010. Il a relu et corrigé toutes les démonstrations statistiques de ma thèse de doctorat et presque tous mes livres depuis que je suis essayiste. Il m'a appris tout ce que je sais ou presque sur la pensée économique et sur la statistique.

Oui, décidément, il eût été vraiment idiot de solliciter qui que ce soit d'autre pour m'expliquer les politiques économiques vertes.

Taxer la pollution

— Quelles sont les politiques économiques qui fonctionnent pour résoudre les grands problèmes écologiques de notre temps ? lui demandé-je.

— L'économiste qui a pigé où était le problème est Arthur Cecil Pigou, me répond Didier Schlacther. C'était le mentor de Keynes à ses débuts. Il a défini le concept des externalités négatives. L'idée est toute simple. Les producteurs et les investisseurs poursuivent la satisfaction de leur intérêt privé, mais il arrive souvent que cet intérêt entre en contradiction avec l'intérêt de la société. Pigou donne cet exemple : si le propriétaire d'un terrain dans un quartier très peuplé y construit une usine, il tirera un profit de la vente de ses produits. Cependant, cette implantation nuira à la qualité de vie de tout le quartier. Le problème, c'est que les producteurs et les investisseurs ne sont pas incités économiquement à prendre en compte ce type d'impact, négatif pour la collectivité, occasionné par des activités qui sont par ailleurs profitables pour eux-mêmes. C'est ce problème que Pigou appelle les « externalités négatives ».

— Pigou a trouvé une solution : la taxe pigouvienne, n'est-ce pas ?

— Tu as bonne mémoire, sourit Didier Schlacther. Pigou propose que l'État taxe systématiquement les activités économiques ayant des externalités négatives. Par extension, on appelle aussi « taxe pigouvienne » tout dispositif qui d'une main taxe les externalités négatives, de l'autre subventionne les externalités positives[2].

— Donc, si un gouvernement se met à taxer les propriétaires de voitures très polluantes, pour subventionner l'achat de voitures peu polluantes, c'est une taxe pigouvienne écologique ?

— Oui. Tu peux avoir une taxe kilométrique, égale à zéro pour les produits locaux, et qui augmente à proportion de la distance parcourue par le produit jusqu'à l'acheteur final. Cela pénalise les tomates qui font le tour de la Terre avant de finir dans ton assiette. Tu peux aussi avoir une taxe carbone, qui augmente à proportion du rejet de gaz à effet de serre et de pollution atmosphérique que génère le processus de production du bien ou du service. Tu peux aussi cumuler les deux : les produits sont soumis à la fois à une taxe kilométrique et à une taxe carbone.

— Qui dit taxes dit prix qui montent. Cela ne pénalise-t-il pas plus lourdement les consommateurs pauvres ?

— Pas si l'État utilise les recettes fiscales des taxes pigouviennes sur les produits à externalités négatives pour subventionner les produits écologiquement vertueux, pour faire baisser leur prix. Au bout de quelque temps, si tes taxes pigouviennes sont suffisamment douloureuses pour la marge des producteurs, les produits à externalités négatives ne parviendront plus à être compétitifs. Leurs ventes baisseront très fortement.

— Par conséquent, je n'aurai plus assez de recettes fiscales pour faire baisser le prix des produits vertueux, remarqué-je.

— On s'en fout, balaie Schlacther. Entre-temps, la consommation des produits écologiquement vertueux aura grimpé en flèche ; ils seront devenus le nouveau standard de consommation, donc le marché sera solvabilisé.

Vérifications faites, cette méthode fonctionne. Elle obtient même d'excellents résultats, comme le prouve l'exemple de la politique de taxes pigouviennes sur les carburants, appliquée par la Suède dans les années 1990. L'État suédois ayant décidé de taxer davantage l'essence avec plomb et moins celle sans plomb, la première a disparu du marché en moins de dix ans. Similairement, parce qu'il a sous-taxé le diesel plus écologique et surtaxé le diesel plus polluant, les émissions des véhicules roulant au diesel se sont effondrées[3].

Les règles vertes et les « droits à polluer »

— N'est-il pas plus simple que les États adoptent des réglementations, des normes pour obliger les ménages, les entreprises, les administrations à adopter des comportements écologiques ?

— En théorie, oui, répond Didier Schlacther, et cela a l'air facile. L'État ou une organisation internationale pond un règlement qui dit que tel agent économique doit adopter tel nouveau comportement, et c'est réglé. Cela peut être des normes sur les processus de production, sur les critères pour choisir le vainqueur d'un appel d'offres, etc. Mais, en pratique, cela pose de grosses difficultés pour le réglementeur. L'État doit recueillir toutes les informations pertinentes et à jour sur les externalités négatives, alors que, souvent, ce sont les entreprises qui les détiennent, et non les États. Il doit anticiper toutes les façons dont les agents peuvent contourner la règle pour réduire leurs coûts au lieu de la respecter de bonne foi. Et Dieu sait que les entreprises sont très créatives dans ce genre d'exercice. Les administrations aussi, soit dit en passant. Il doit être capable de mettre à jour la réglementation aussi souvent que nécessaire, et donc être capable aussi de détecter, et à temps, le besoin de le faire. Généralement, un État n'y arrive pas. Les États sont très en retard sur la réalité économique.

— Vous déconseilleriez les politiques économiques vertes fondées sur l'instauration de normes, de règles vertes ?

— Non, quand même pas. Après tout, il y a des normes pour tous les aspects imaginables des activités économiques, donc pourquoi pas pour les considérations écologiques ? Comparativement, des taxes pigouviennes sont malgré tout plus faciles à mettre en place. Et elles incitent plus efficacement tous les agents économiques à adopter des procédés de production et de transport plus écologiques.

À ce stade de l'entretien, je me remémore une méthode radicalement différente de celle des règles vertes :

— Que dites-vous des marchés des « droits à polluer » ?

— Ils ont été théorisés par le prix Nobel d'économie Ronald Coase[4]. En règle générale, le marché ne fixe pas de prix aux externalités négatives écologiques. En clair, si une usine pollue comme un cochon, c'est sans impact sur ses coûts de production. L'idée imaginée par Coase, c'est que l'État crée un marché des « permis de polluer ». Il fixe un objectif total de pollution pour l'année. Il distribue, par exemple, dans une vente aux enchères, des « droits à polluer » dont la somme correspond à l'objectif total. Chaque entreprise doit posséder des droits à polluer qui correspondent à ses rejets polluants. Si elle n'en a pas assez, elle peut en acheter sur le marché ; si elle en a trop, elle peut les vendre. Au bout du compte, les entreprises subissent donc un coût pour leurs externalités négatives, qui est le coût de ces « droits à polluer ». Il ne reste plus à l'État qu'à baisser progressivement l'objectif total annuel de pollution pour verdir son économie.

— Et cela fonctionne bien ?

— Oui et non. En théorie, cela devrait fonctionner, mais en pratique cela marche mal parce qu'il est très difficile de bien paramétrer tout cela. Typiquement, l'Union européenne a mis ce genre de choses en place et il est arrivé qu'elle distribue trop de droits à polluer, d'où un prix si bas que l'effet dissuasif antipollution recherché devenait inexistant.

— Donc, là aussi, comparativement, vous conseillez plutôt les taxes pigouviennes.

— Oui. Le dispositif est techniquement plus simple, son efficacité est démontrée, et intellectuellement c'est plutôt élégant.

Le keynésianisme vert

— À part les taxes pigouviennes, le meilleur moyen d'accomplir des transformations écologiques rapides et massives, c'est tout bêtement que l'État s'en occupe lui-même, poursuit Didier Schlacther. Cela revient à déployer toute la panoplie keynésienne, mais avec des objectifs écologiques. Tu te souviens de mes cours sur les politiques économiques de relance keynésienne, bien sûr : j'ai remarqué que tu t'en sers beaucoup dans tes bouquins…

— Alors il y a la relance keynésienne par les dépenses publiques, récité-je. L'État effectue lui-même des grands travaux ou passe commande à des entreprises, comme le New Deal de Roosevelt aux États-Unis dans les années 1930.

— Correct. La version écologique, ce serait par exemple un grand programme national pour fabriquer des panneaux solaires et les installer sur tous les toits disponibles. Mais attention, il faut avoir déjà les filières qui produisent ce dont tu as besoin, sinon tu finis comme la relance Mauroy, qui a rempli les carnets de commandes d'entreprises exportatrices allemandes ! Bon, et sinon, quoi d'autre ?

— La relance keynésienne fiscale, continué-je. Modifier les taxes pour inciter les ménages à consommer et les entreprises à produire.

— Ça, la version écologique, on en a déjà parlé, en gros c'est du Pigou. Et ensuite ?

— La relance keynésienne par les investissements. L'État ne dépense pas lui-même, mais il se débrouille pour pousser les entreprises à le faire.

— C'est bon. La version écologique, ce serait par exemple une politique de normes écologiques plus strictes pour les entreprises, qui fait qu'elles investissent pour se mettre à niveau. Comme rendre obligatoire, pour les entreprises, de ne plus avoir que des véhicules hybrides ou électriques au 1er janvier de telle année. Mais, attention, les politiques économiques de keynésianisme vert posent le problème du dilemme du passager clandestin.

— C'est-à-dire ?

— Les grands travaux écologiques à la hauteur de l'enjeu, tout ça c'est pharaonique. Les coûts sont énormes pour l'État qui se lance là-dedans et pour les entreprises du pays. Donc, l'État sait qu'il s'expose à une détérioration de ses finances publiques et à la dégradation de la compétitivité-prix de l'économie du pays à l'export. Dans ce contexte, la tentation du passager clandestin, c'est que cet État essaie de traîner les pieds, de faire le minimum syndical écologique. En comptant sur des pays plus motivés pour augmenter leurs propres efforts. Et en se trouvant des raisons plus ou moins valables pour justifier qu'il fasse moins que les autres.

— Peut-on résoudre ce problème du passager clandestin ?

— Oui. Il faut que tous les pays s'y mettent en même temps. Ou plus réalistement, au moins les 20 plus grandes économies du monde. Ce serait déjà le plus gros du chemin, puisque les pays du G20 pèsent ensemble environ 80 % du PIB mondial.

— Et on fait comment ?

— Comme après la seconde guerre mondiale : on refait un Plan Marshall, mais cette fois pour l'écologie.

Un Plan Marshall pour la planète

Après le second conflit mondial, il existait un immense risque d'effondrement économique et social, sur fond de misère de masse, voire de famine dans tous les pays d'Europe ravagés par les destructions. Vu de Washington, la situation présentait un danger de basculement des pays européens dans des révolutions communistes. L'idée du Plan Marshall consista donc à arrimer l'Europe occidentale au bloc de l'Ouest en finançant sa reconstruction d'après-guerre avec des fonds américains.

En plus d'éteindre l'incendie social et politique grâce au redémarrage de l'économie des pays renfloués, le Plan Marshall permit de résoudre le problème de surproduction de l'industrie américaine, en le faisant absorber par les importations européennes. Incidemment, le plan représenta donc aussi un soutien massif à l'économie américaine. De 1948 à 1951, les États-Unis d'Amérique financèrent ainsi la reconstruction des pays d'Europe de l'Ouest pour l'équivalent d'un peu plus de 10 % de leur PIB, dont presque 90 % sous forme de dons et les quelque 10 % restants sous forme de prêts[5]. Le succès fut considérable : en trois ans, le PNB de l'Europe de l'Ouest augmenta d'un tiers et sa production industrielle crût à elle seule d'environ 40 %.

— Un Plan Marshall pour la planète, n'est-ce pas le Green New Deal mondial, imaginé par Jeremy Rifkin[6], sous un autre nom ? objecté-je.

— Non, répond Didier Schlacther. Pour faire son Green New Deal, Rifkin compte sur les fonds de pensions et sur ce qu'il appelle un « nouveau capitalisme social ». En clair, il compte essentiellement sur des fonds privés pour lancer spontanément une partie de ce que tu appelles les « dix grands travaux écologiques ». Lancer un Plan Marshall écologique mondial, c'est très différent, puisque, par définition, c'est compter sur une coalition internationale d'États pour lancer ces travaux.

— Vous pensez donc que c'est aux États du G20 de piloter et de financer ?

— Oui. Si les États ne passent pas commande, dans l'économie, il n'existe pas spontanément une demande pour ces grands travaux, et donc il n'y aura pas d'offre non plus. L'Organisation mondiale de l'environnement que tu proposes de créer serait le cadre idéal pour que les gouvernements définissent, budgètent et déploient ce Plan Marshall écologique. Ensuite, il n'y a plus qu'à dérouler : programme mondial de transition énergétique pour remplacer les énergies fossiles par les énergies renouvelables et le nucléaire ; programme mondial de reforestation ; programme mondial d'arrêt de la surpêche et de ramassage des déchets en mer par les pêcheurs ; programme mondial de transition agricole pour remplacer l'agriculture intensive et chimique par l'agro-écologie ; programme mondial pour remplacer les voitures à moteur thermique par les voitures électriques ; et ainsi de suite.

— Et que fait-on pour les pays qui refusent de participer ?

— Embargo économique par tous les pays de la coalition. Comme avec l'Afrique du Sud quand elle refusait d'abolir l'apartheid. Tu es trop jeune pour te souvenir de cela, mais la situation avait causé des dégâts énormes à l'économie sud-africaine, au point que l'apartheid a fini par être aboli.

« Quoi qu'il en coûte »

Avant de déterminer comment financer ce Plan Marshall pour la planète, il faut d'abord établir la somme globale devant être investie pour être à la hauteur des grands travaux écologiques nécessaires. Cette estimation a déjà été faite. Le projet Drawdown est une proposition de plan mondial pour inverser le cours du réchauffement global, publiée en 2017 par 70 chercheurs sous la direction de Paul Hawken. Il est paru en français aux éditions Actes Sud, sous la direction de Cyril Dion. Le projet Drawdown estime les montants à dépenser pour chaque grande solution, ainsi que le retour sur investissement que l'économie peut escompter du fait des externalités positives de ces actions écologiques.

Trente mille milliards de dollars : c'est la somme qui doit être mobilisée, en prenant en compte les économies nettes générées par les solutions appliquées. Une fois soustraites les dépenses, le bilan final pour l'économie mondiale sera en réalité largement positif, avec un gain d'un peu moins de trente mille milliards de dollars également.

Échantillon de dix solutions retenues par le projet Drawdown, avec estimation d'impact écologique et économique

Solution	Secteur	Réduction totale du CO_2 atmosphérique et équivalents (en gigatonnes)	Coûts nets (en milliards USD)	Économies nettes (en milliards USD)
Éoliennes (terrestres)	Énergie	84,60	1 225,37	7 425,00
Centrales solaires	Énergie	36,90	– 80,60	5 023,84
Sylvopastoralisme	Alimentation	31,19	41,59	699,37
Toitures photovoltaïques	Énergie	24,60	453,14	3 457,63
Reforestation	Affectation des terres	18,06	29,44	392,33
Agroforesterie avec cultures intercalaires	Alimentation	17,20	146,99	22,10
Géothermie	Énergie	16,60	– 155,48	1 024,34
Gestion des pâturages	Alimentation	16,34	50,48	735,27
Nucléaire	Énergie	16,09	0,88	1 713,40
Cuisinières propres	Alimentation	15,81	72,16	166,28
Total de l'intégralité des solutions retenues par le projet Drawdown		1 050,89	29 620,83	74 305,09

Source : Paul Hawken (dir.), *Drawdown : comment inverser le cours du réchauffement planétaire*, Actes Sud, 2018, p. 512-516.

La dépense peut sembler impressionnante. Cependant, si l'on considère dix ans de PIB mondial[7], cela n'en représente que 3,15 %. Il s'agit donc d'un budget tout à fait raisonnable, surtout s'il est mis en perspective avec l'indispensabilité et l'urgence des grands travaux écologiques nécessaires pour épargner une vie de souffrance à des millions d'êtres humains.

La gestion politico-économique de la pandémie mondiale de Covid-19 a créé à cet égard un précédent. Le coût total des mesures de confinement a été considérable pour l'économie mondiale. Tous les gouvernements du monde *sans exception* (même les plus idéologiquement réticents à faire intervenir l'État dans l'économie, même les dictatures) ont pris la décision identique d'accepter ce coût dans le but de sauver un maximum de vies. En règle générale, cela a été effectué en dépensant beaucoup plus d'argent que ce qu'il y avait réellement dans les caisses des États, d'où une aggravation spectaculaire des déficits et des dettes publiques à travers le globe.

Or, objectivement, la catastrophe écologique mondiale est considérablement plus grave que la pandémie de Covid-19, car elle est grosse de souffrances, de morts prématurées, de conflits et, plus largement, de catastrophes, pour des millions d'êtres humains nés et à naître. En toute logique, le « quoi qu'il en coûte », pour reprendre le mot d'ordre employé par le président de la République française face à la pandémie, doit donc aussi être appliqué aux grands travaux écologiques, c'est-à-dire au financement du Plan Marshall pour la planète.

Il existe deux grands moyens de procéder :

— Le premier est la création monétaire. Une fois que les pays du G20 se sont mis d'accord pour lancer le Plan Marshall pour la planète, leurs banques centrales respectives se concertent pour créer chacune leur part de monnaie supplémentaire (la « planche à billets ») et distribuer ces fonds créés *ex nihilo* à leurs gouvernements respectifs. La création monétaire n'a rien de choquant puisque, en janvier 2021, selon la Banque centrale européenne, le total des euros en circulation dans l'économie a augmenté de plus de 12 % en une seule année[8].

— Le second est la dette publique. Les pays du G20 s'étant entendus pour lancer le Plan Marshall pour la planète, ils commencent tous à augmenter leur dette publique pour financer leur part de ces grands travaux. Cela non plus n'a rien de choquant, étant donné que la plupart des États du monde ont déjà besoin de s'endetter tous les ans pour équilibrer leurs comptes et que, par conséquent, les grands fonds de pension et d'investissement, les grandes banques et compagnies d'assurances ont déjà l'habitude d'acheter leurs reconnaissances de dette, ou « bons du Trésor », pour équilibrer leurs propres portefeuilles d'investissements.

Les pays du G20 devraient en outre opter pour la prudence en décidant d'étaler sur dix ans les dépenses du Plan Marshall pour la planète, afin que les capacités des industries à répondre aux commandes des grands travaux ne soient pas saturées, congestionnées, débordées. Ce faisant, ils rendraient également l'irruption du plan plus facile à digérer pour la finance internationale.

Mettre en chantier les grands travaux écologiques exposés dans ce livre est donc parfaitement réalisable dès demain. *C'est possible.* Là encore, c'est une question de courage politique.

Un mode d'emploi pour agir

Le monde est un bel endroit, qui vaut la peine qu'on se batte pour lui.

Ernest Hemingway

Les dix grands travaux écologiques mondiaux nécessaires pour arrêter la catastrophe écologique sont donc les suivants : la création d'un gouvernement écologique mondial ; la restauration des mers et des océans ; la reforestation ; le véganisme et l'agroécologie ; la baisse des naissances dans les pays riches ; l'urbanisme vert ; l'arrêt des énergies fossiles ; la révolution écologique des transports ; la fin du tout-jetable ; un plan Marshall pour la planète.

Pour accomplir collectivement de si grands exploits, l'espèce humaine a toutefois besoin d'une vision d'ensemble. D'un supplément d'âme. D'un futur qui soit désirable. C'est ce que j'ai appelé, dès le prologue de ce livre, l'*écologie heureuse*.

L'écologie heureuse consiste à remplacer notre civilisation consumériste mondiale, qui va droit dans le mur, par une civilisation écologique nouvelle, au moyen d'un immense redéploiement des activités humaines. Dans cette civilisation écologique mondiale, nos activités très polluantes et très voraces sont supprimées ou remplacées par leur équivalent écologique. Au contraire, nos activités qui rejettent peu ou pas de gaz à effet de serre sont encouragées, célébrées, et deviennent même les plus importantes de la société. Je pense aux arts, aux sports et à la quête de la connaissance.

En tant que projet de civilisation, l'écologie heureuse met au centre de notre civilisation et de nos vies ce qui nous épanouit le plus en tant qu'êtres humains. Personnellement, je meurs d'envie de vivre dans un tel monde. Je suis d'ailleurs convaincu que nous sommes très nombreux à avoir envie de cette écologie heureuse.

Si ce livre est parvenu à vous convaincre qu'il n'est pas trop tard pour arrêter la catastrophe écologique mondiale, agissez. Vous avez ce pouvoir. Dès demain matin, vous pouvez commencer à contribuer vous-même à changer les choses. Voici comment[1].

Commencez par adopter un mode de vie écologique. C'est insuffisant, mais c'est déjà bien. Pour ce faire, vous pouvez utiliser la check-list suivante. Cochez les cases au fur et à mesure que vous aurez rempli chaque objectif :

□ Devenez végan (arrêtez de manger de la viande, du poisson et plus largement des produits de l'exploitation animale) ou au moins flexitarien (mangez-en très rarement).

□ S'il n'y a pas de menu végan au restaurant ou à la cantine où vous prenez votre repas, exigez qu'il y en ait.

□ Ne prenez plus l'avion, ou au moins limitez-le aux très longues distances et aux voyages qui traversent les mers.

□ Si vous possédez une ou plusieurs voitures à moteur thermique, débarrassez-vous-en (si vous vivez en ville) ou remplacez-la par une voiture électrique (si vous vivez en milieu rural).

□ Si vous habitez en ville, déplacez-vous à pied pour tout trajet prenant une demi-heure de marche ou moins à l'aller ; à vélo ou à vélo électrique pour tout trajet prenant une demi-heure ou plus ; et en transports en commun pour tous les autres trajets.

□ Remplacez votre thermostat par un modèle récent qui règle tout seul continuellement le chauffage au minimum nécessaire, sans que vous ayez à intervenir.

□ Effectuez des travaux d'isolation thermique de votre domicile.

□ Achetez exclusivement des appareils électroménagers à haute efficacité énergétique.

□ Ne vous éclairez qu'avec des ampoules LED.

□ Faites installer des panneaux solaires sur votre toit. Si vous n'êtes pas le propriétaire, demandez-lui de le faire. Si vous vivez en copropriété, proposez d'en installer collectivement sur les toits de cette dernière.

□ Plus largement, passez systématiquement aux énergies renouvelables, ou à l'énergie nucléaire si elle est appropriée.

□ Équipez votre douche d'un pommeau économisant l'eau ou remplacez-la par une douche en circuit fermé.

□ Remplacez vos toilettes par des toilettes sèches.

□ Triez vos déchets, recyclez et achetez des produits recyclés.

□ Si vous achetez un smartphone, un ordinateur ou tout autre appareil informatique, prenez un modèle écologiquement responsable et, surtout, que l'on peut démonter pour en remplacer les pièces sans acheter un nouveau modèle.

□ N'achetez que des vêtements issus de l'industrie textile durable. Ils sont plus chers, mais dureront beaucoup plus longtemps.

□ N'achetez que de la nourriture issue de l'agroécologie.

□ Buvez de l'eau du robinet. Ne buvez plus d'eau de source en bouteille.

□ Lorsque votre entourage familial, amical ou professionnel vous taquine ou se moque ouvertement de tel aspect de votre mode de vie écologique, ne soyez ni sur la défensive ni dans l'autodénigrement. Expliquez calmement pourquoi vous avez décidé de le faire.

□ Si vous êtes encore dans l'adolescence, montrez cette check-list à vos parents et demandez-leur de la mettre en pratique. S'ils refusent, demandez-leur pourquoi.

□ Si vous avez des enfants, éduquez-les à l'écologie dès leur plus jeune âge et faites-les participer à vos efforts écologiques (à proportion de leur maturité).

□ Si vous avez de l'épargne, exigez de votre banque qu'elle ne place jamais cet argent dans le secteur des énergies fossiles. Si elle ne vous garantit pas qu'elle s'en abstiendra, changez de banque.

Cela étant, aucun grand changement mondial n'a été obtenu dans l'histoire uniquement par l'accumulation des changements individuels de mode de vie. Aucun. Jamais. Si vous souhaitez transformer en profondeur les civilisations, les cultures, les systèmes politiques, l'économie, *vous devez vous engager*. Vous devez devenir *activiste*.

Auquel cas, vous pouvez utiliser la check-list suivante. Cochez les cases au fur et à mesure que vous aurez rempli chaque objectif, puis recommencez de zéro quand vous aurez coché toutes les cases :

□ Lisez des articles de revues scientifiques sur les enjeux écologiques ainsi que les résumés des derniers rapports du GIEC (qui ne font que quelques dizaines de pages).

□ Quand vous entendez quelqu'un dire des choses fausses sur la catastrophe écologique mondiale ou, pire, nier son existence, intervenez. Expliquez calmement que cette personne se trompe.

□ Si vous êtes vous-même capable de produire des contenus écrits (par exemple, des livres) ou audiovisuels (comme des vidéos) qui font avancer les combats de l'écologie, faites-le.

□ Vérifiez le bilan écologique de tous les produits que vous avez chez vous. À chaque fois qu'un produit est écologiquement irresponsable, allez sur les réseaux sociaux pour vous en plaindre auprès de la marque et exigez-en le remplacement par un produit écologiquement responsable. Si la marque refuse ou ne réagit pas, insistez.

□ Quel que soit votre métier, demandez-vous s'il existe une façon écologiste de l'exercer. Si oui, faites-le.

□ Quel que soit votre métier et quel que soit votre lieu de travail, proposez d'adopter des modes de production, de transport et de travail quotidien écologistes.

□ Si votre métier contribue directement à aggraver la catastrophe écologique mondiale (par exemple, si vous travaillez pour le secteur des énergies fossiles), changez de travail.

□ Si vous êtes dirigeant sur votre lieu de travail, décidez vous-même de faire tous ces changements.

□ Plantez des arbres partout où vous en avez le droit. Diversifiez les arbres que vous plantez.

□ Dans les associations, clubs et communautés dont vous faites partie qui ne s'occupent pas d'écologie, proposez que leurs activités, rencontres, lieux deviennent écologiquement responsables.

□ Appelez les émissions de radio et les émissions audiovisuelles qui donnent la parole au public pour parler d'écologie.

□ Écrivez au courrier des lecteurs de vos journaux préférés pour parler d'écologie.

□ Sur les réseaux sociaux, faites des vidéos et postez des messages sur l'écologie.

□ Quand vous parlez d'écologie, si vous abordez un problème, faites attention à toujours donner aussi une solution concrète, qu'il faudrait appliquer ou appliquer davantage.

□ Si vous croyez en un ou plusieurs dieux, priez pour le salut de l'écosystème.

□ Rejoignez une association locale écologiste dans votre quartier ou votre village. S'il n'y en a pas, créez-en une.

□ Participez aux initiatives locales écologistes dans votre quartier ou votre village. S'il n'y en a pas, lancez-en vous-même.

□ Allez militer dans une organisation non gouvernementale (ONG) écologiste.

□ Si aucune ONG écologiste ne s'occupe d'un enjeu écologique qui vous tient particulièrement à cœur, créez la vôtre.

□ Si vous vivez en dictature, rejoignez la résistance. Si la résistance inclut la lutte armée, ne faites jamais de victimes civiles.

□ Si vous vivez en démocratie, écrivez aux élus de votre Parlement, au maire de votre ville, au dirigeant de votre région ou de votre province pour exiger qu'ils lancent les dix grands travaux écologiques nécessaires que nous avons passés en revue.

□ Votez uniquement pour des partis et des candidates ou candidats qui considèrent l'écologie comme une priorité urgente et qui font des propositions vraiment sérieuses sur ce thème.

□ Si aucun parti ne fait de propositions sérieuses sur l'écologie, rejoignez votre parti préféré, puis exigez de l'intérieur qu'il se mette à en faire.

□ Si aucune candidature à une élection ne fait de propositions sérieuses sur l'écologie, présentez-vous et faites-les vous-même.

Last but not least, à l'heure de conclure ce livre d'écologie des solutions, permettez-moi un message personnel aux étudiantes et aux étudiants, aux adolescentes et aux adolescents, qui seraient en train de lire ces lignes. Ce message est très simple : *Battez-vous*. Ne vous laissez pas dévorer par l'éco-anxiété. Ne laissez personne vous décourager. Ne permettez à personne de vous dire que vous êtes trop jeunes pour agir.

Devenez vous-mêmes, dès demain matin, ces écologistes dont la Terre et l'humanité ont tant besoin. Engagez-vous pour l'écologie. Tous les jours, par tous les moyens dont vous vous sentez capables, engagez-vous pour l'écologie.

Vous, maintenant, agissez.

Remerciements

Longue vie et prospérité.

Salut vulcain dans *Star Trek*

À Katerina Ryzhakova, mon amour, mon épouse, mon amante, la mère de notre enfant, et ma meilleure amie.

À Laurent Boudin, directeur éditorial de Plon, que je retrouve avec émotion pour ce livre dix ans après qu'il a été l'éditeur du tout premier.

À ma sœur, Anaëlle Guénolé, gérante d'actifs financiers, experte des investissements dans le secteur de l'énergie, pour sa relecture du chapitre sur l'arrêt des énergies fossiles. À Salomé Do et Victoria Mears pour mes nombreuses discussions avec elles quant à l'angle et à la teneur de ce livre, qui m'ont donné l'idée de l'orienter sur l'écologie des solutions. À Roméo Lucibello, ingénieur, pour sa relecture vigilante du prologue. À Vica Zagreba et Stéphane Lanson pour m'avoir laissé transformer leur salon en atelier d'écriture.

Pour nos entretiens en vue de ce livre et pour leur aimable relecture du chapitre concerné :

— À Philippe Cury, océanographe, biologiste et directeur de recherche à l'Institut de recherche pour le développement de Marseille ;

— À Sylvaine Dhion, ingénieure nucléaire, experte en évaluation de la maîtrise des risques ;

— À François Gemenne, politologue, directeur de l'Observatoire Hugo dédié aux migrations environnementales à l'université de Liège, en Belgique, professeur à l'Institut d'études politiques de Paris (Sciences Po) et coauteur du sixième rapport d'évaluation du GIEC ;

— À Pierre Gilbert, prospectiviste en écologie et expert en géomimétisme ;

— À Brigitte Gothière, cofondatrice de l'association de défense des droits des animaux L214 ;

— À Daniel Pauly, biologiste et halieute, professeur à l'université de la Colombie-Britannique, à Vancouver, directeur du projet Sea Around Us et lauréat du prix Cosmos de recherche en écologie en 2005 ;

— À Didier Schlacther, économiste, statisticien et professeur honoraire des universités à la Fondation nationale de sciences politiques (Sciences Po).

Pour nos entretiens en vue de ce livre :

— À Nayla Ajaltouni, déléguée générale du collectif Éthique sur l'étiquette ;

— À Baptiste Andrieu, ingénieur, doctorant au Shift Project et à l'Institut des sciences de la Terre, expert des liens PIB-énergie et des questions d'empreinte carbone ;

— À Samuel Sauvage, cofondateur de l'association Halte à l'obsolescence programmée ;

— À Jeff Speck, urbaniste et écrivain, père de la théorie de la « marchabilité » générale (piétonnisation).

À Audrey Garric, journaliste au service Planète du quotidien *Le Monde*, pour ses conseils sur les entretiens à réaliser.

À Jean-Noël Geist, responsable des affaires publiques de l'ONG The Shift Project, pour ses judicieux conseils dans le choix des experts à interroger. À Laurent Aillet, cofondateur de l'association Adrastia, pour m'avoir expliqué l'échelle de conscience de Chefurka.

Aux étudiantes et aux étudiants de mon séminaire sur le changement climatique à l'IÉSEG School of Management, parce que ce cours très interactif a nourri ma réflexion pour ce livre.

Aux lectrices et aux lecteurs qui suivent et soutiennent mon travail depuis des années, ainsi qu'à toutes celles et tous ceux qui les rejoignent au fil des ans. Votre fidélité est un honneur et de tout mon cœur, je vous en remercie.

Montreuil, le 3 octobre 2022

Notes

Il n'est pas trop tard !

1. *Les jeunes de banlieue mangent-ils les enfants ?*, préface d'Emmanuel Todd, Le Bord de l'eau, 2015 ; *Islamopsychose : pourquoi la France diabolise les musulmans*, Fayard, 2017.

2. *La Mondialisation malheureuse : inégalités – pillage – oligarchie*, préface de Bertrand Badie, First, 2016 ; *Antisocial : la guerre sociale est déclarée*, Plon, 2018 ; *Le Livre noir de la mondialisation : 400 millions de morts*, Plon, 2020.

3. John Cook *et al.*, « Consensus on consensus : A synthesis of consensus estimates on human-caused global warming », *Environmental Research Letters*, vol. 11, n° 4, avril 2016. https://iopscience.iop.org/article/10.1088/1748-9326/11/4/048002

4. César Dugat et Alexia Soyeux, *Faire sa part ? Pouvoir et responsabilité des individus, des entreprises et de l'État face à l'urgence climatique*, Carbone 4, juin 2019.

5. Hélène Cherrier et Meltem Türe, « Blame work and the scapegoating mechanism in market status-quo », *Journal of Business Research*, vol. 144, mai 2022, p. 1207-1217.

1.
À QUAND UN GOUVERNEMENT ÉCOLOGIQUE MONDIAL ?

1. « Commander of US Forces in the Indo-Asia Pacific affirms climate change threat », audition de l'amiral Philip S. Davidson citée par *The Center for Climate and Security*, 14 février 2019.

2. S. Hsiang *et al.*, «Quantifying the Influence of Climate on Human Conflict », *Science* vol. 341, 1235367 (2013). DOI : 10.1126/science.1235367.

3. Jean-Michel Valantin, « De la guerre au temps du changement climatique », *in* Laurent Testot et Laurent Aillet (dir.), *Collapsus*, Albin Michel, 2020, p. 141.

4. Également appelée « passage du Nord-Est ».

5. François Gemenne, *Géopolitique du climat : les relations internationales dans un monde en surchauffe*, Armand Colin, 2021, p. 85-86.

6. Jean-Michel Valantin, *op. cit.*, p. 137-139.

7. Peter Schwartz et Doug Randall, « An abrupt climate change scenario and its implications for United States national security », Washington, D.C., U.S. Dept. of Defense, octobre 2003.

8. William Poundstone, *Prisoner's Dilemma*, Anchor Books, 1993, p. 8 et 117.

9. « L'Appel de Paris pour la sauvegarde des océans », Martine Valo, *Le Monde*, 12 avril 2013.

2.
SAUVONS LES MERS ET LES OCÉANS

1. « UN report : Humans accelerating extinction of other species », Seth Borenstein, *AP News*, 6 mai 2019.

2. *The State of World Fisheries and Aquaculture 2020 : Sustainability in Action*, FAO, Rome, 2020.

3. Ian A. Hatton *et al.*, « The global ocean size spectrum from bacteria to whales », *Science Advances*, vol. 7, n° 46, novembre 2021.

4. Jenna R. Jambeck *et al.*, « Plastic waste inputs from land into the ocean », *Science*, vol. 347, n° 6223, 13 février 2015, p. 768-771.

5. Yong Chang Jang *et al.*, « Estimating the global inflow and stock of plastic marine debris using material flow analysis : A preliminary approach », *Journal of the Korean Society for Marine Environment and Energy*, vol. 18, n° 4, novembre 2015, p. 263-273.

6. Justine Mathieu-Denoncourt *et al.*, « Plasticizer endocrine disruption : Highlighting developmental and reproductive effects in mammals and non-mammalian aquatic species », *General and Comparative Endocrinology*, vol. 219, août 2015, p. 74-88.

7. *Special report on the ocean and cryosphere in a changing climate : Summary for policymakers*, IPCC, 2019.

8. « Bioplastiques : état des lieux de la production mondiale », *Polyvia*, 12 mars 2020.

9. Brian Von Herzen *et al.*, « Marine permaculture to regenerate ocean productivity », American Geophysical Union, réunion d'automne 2018, extrait #GC23G-1278, décembre 2018.

10. Paul Hawken (dir.), *Drawdown : comment inverser le cours du réchauffement planétaire*, Actes Sud, 2018, p. 473.

11. Vincent E. J. Jassey et Constant Signarbieux, « Effects of climate warming on *Sphagnum* photosynthesis in peatlands depend on peat moisture and moss traits », *Global Change Biology*, 9 septembre 2019.

12. Estelle Bortoluzzi *et al.*, « Carbon balance of a European mountain bog at contrasting stages of regeneration », *New Phytologist*, vol. 172, n° 4, p. 708-718, décembre 2006.

13. Ralph J. M. Temmink *et al.*, « Recovering wetland biogeomorphic feedbacks to restore the world's biotic carbon hotspots », *Science*, vol. 376, n° 6593, 6 mai 2022.

3.
Reforestation

1. Nancy L. Harris *et al.*, « Global maps of twenty-first century forest carbon fluxes », *Nature Climate Change*, vol. 11, n° 1, janvier 2021, p. 234-240.

2. Samantha L. L. Hill *et al.*, « Measuring forest biodiversity status and changes globally », *Frontiers in Forests and Global Change*, vol. 2, 2019.

3. Richard O. Bierregaard *et al.*, *Lessons from Amazonia : The Ecology and Conservation of a Fragmented Forest*, Yale University Press, 2001.

4. Thomas E. Lovejoy et Carlos Nobre, « Amazon tipping point », *Science Advances*, vol. 4, n° 2, février 2018.

5. Max Roser, « Humans destroyed forests for thousands of years – we can become the first generation that achieves a world in which forests expand », *Our World in Data*, 20 avril 2022.

6. Pour en savoir plus sur ce sujet, voir Pierre Gilbert, *Géomimétisme : réguler le changement climatique grâce à la nature*, préface de Gaël Giraud, Les Petits Matins, 2020.

7. Pierre Gilbert, *ibid.*, p. 39.

8. Pierre Gilbert, *op. cit.*, p. 71.

9. J. Elliott Campbell *et al.*, « The global potential of bioenergy on abandoned agriculture lands », *Environmental Science & Technology*, vol. 42, n° 15, 1er août 2008, p. 5791-5794.

10. Pascal Marty, James Aronson et Jacques Lepart, « Dynamics and restoration of abandoned farmland and other old fields in southern France », *in* V. A. Cramer Viki A. et Richard J. Hobbs (éd.), *Old Fields : Dynamics and Restoration of Abandoned Farmland*, Island Press, p. 202-224, 2007.

11. Zunyi Xie *et al.*, « Conservation opportunities on uncontested lands », *Nature Sustainability*, vol. 3, n° 1, janvier 2020, p. 9-15.

4.
Végan power !

1. Maladies animales qui se transmettent à l'être humain.

2. L'antibiorésistance est le phénomène qui consiste, pour une bactérie, à devenir résistante aux antibiotiques.

3. Source : L214.

4. Anne Mottet *et al.*, « Livestock : On our plates or eating at our table ? A new analysis of the feed/food debate », *Global Food Security*, vol. 14, septembre 2017, p. 1-8.

5. *Livestock's Long Shadow*, FAO, Rome, 2006, p. xxi et 272.

6. Joseph Poore et Thomas Nemecek, « Reducing food's environmental impacts through producers and consumers », *Science*, vol. 360, n° 6392, 1er juin 2018, p. 987-992.

7. Martin C. Heller et Gregory A. Keoleian, « Assessing the sustainability of the US food system : A life cycle perspective », *Agricultural Systems*, vol. 76, n° 3, juin 2003, p. 1007-1041.

8. « Drip irrigation », The University of Rhode Island, Water Quality Program – College of the Environment and Life Sciences.

9. Paul Hawken (dir.), *op. cit.*, p. 153-157, 163-165, 170-178 et 466-468.

10. Sue Donaldson et Will Kymlicka, *Zoopolis : une théorie politique des droits des animaux*, Alma Éditeur, 2016.

11. Jeremy Bentham, *An Introduction to the Principles of Morals and Legislation*, édition de 1823, 17-4.

12. Stuart L. Pimm *et al.*, « The biodiversity of species and their rates of extinction, distribution, and protection », *Science*, vol. 344, n° 6187, 30 mai 2014.

13. Gerardo Ceballos, Paul R. Ehrlich et Rodolfo Dirzo, « Biological annihilation via the ongoing sixth mass extinction signaled by vertebrate population losses and declines », *Proceedings of the National Academy of Sciences*, vol. 114, n° 30, 25 juillet 2017.

5.
Les pays riches doivent faire moins d'enfants

1. John Aberth, *From the Brink of the Apocalypse : Confronting Famine, War, Plague and Death in the Later Middle Ages,* Routledge (deuxième édition), 2010, p. 9-13.

2. Suzanne A. Alchon, *A Pest in the Land : New World Epidemics in a Global Perspective*, University of New Mexico Press, 2003, p. 21.

3. « Historical Estimates of World Population », United States Census Bureau.

4. Paul R. Ehrlich, *The Population Bomb* (*La bombe P*), Sierra Club-Ballantine Books, 1968.

5. Arthur E. Dewey, Assistant Secretary for Population, Refugees and Migration, « One-child policy in China », testimony before the House International Relations Committee, Washington, DC, 14 décembre 2004.

6. Conçu par l'Organisation des Nations unies, cet indice combine la richesse produite par habitant, l'espérance de vie à la naissance et le niveau éducatif de la population.

6.
Des villes vertes

1. C'est-à-dire sans atteindre le point de bascule auquel l'exploitation du bois provoque la déforestation.

2. Jeff Speck, *Walkable City Rules : 101 Steps to Making Better Places*, Island Press (troisième édition), 2018.

3. Aujourd'hui, le néo-traditionalisme désigne une conception conservatrice et antimoderne de l'urbanisme. C'est par exemple le cas du village néo-traditionnel de Poundbury, construit dans les années 1990 conformément aux vues du roi Charles III d'Angleterre (à l'époque prince de Galles), sur un terrain lui appartenant.

4. « Study reveals world's most walkable cities », Damian Carrington, *The Guardian*, 15 octobre 2020.

5. « 68 % of the world population projected to live in urban areas by 2050 », United Nations Department of Economic and Social Affairs, 16 mai 2018.

6. « FOTW #1042, August 13, 2018 : In 2017 nearly 60 % of all vehicle trips were less than six miles », U.S. Vehicle Technologies Office, 13 août 2018.

7. Source : *Our World in Data*.

8. *Heat Pumps : More Efforts Needed*, septembre 2022, Chiara Delmastro (auteure). Francois Briens, Rafael Martinez-Gordon, Martin Husek (contributeurs) IEA.

9. « US Energy Information Administration : 47 % of homes use LED lighting », *Nearby Engineers*, 6 avril 2022, Michael Tobias.

10. « Analysis : In Bangladesh, solar power brings work, but land shortage slows growth », Tahmid Zami, *Reuters*, 24 août 2022.

7.
Arrêtons le pétrole, le charbon et le gaz

1. « Les 425 “bombes carbone” qui pourraient réduire à néant la lutte contre le dérèglement climatique », Audrey Garric et Perrine Mouterde, *Le Monde*, 15 mai 2022.

2. Kjell Kühne *et al.*, « “Carbon Bombs” – Mapping key fossil fuel projects », *Energy Policy*, vol. 166, juillet 2022.

3. « Le plus grand parc éolien offshore du monde entre en service », *Trust My Science*, 23 décembre 2021.

4. « Topaz Solar Farm, la plus grande centrale électrique solaire du monde ! », *Trust My Science*, 14 septembre 2016.

5. Mark Diesendorf, « Is coal power “dispatchable” ? », *Renew Economy*, 22 août 2018.

6. « Fossil fuel air pollution responsible for 1 in 5 deaths worldwide », Harvard T.H. Chan School of Public Health, Center for Climate, Health, and the Global Environment, 2 septembre 2021.

7. Agence nationale pour la gestion des déchets radioactifs.

8. Agence internationale de l'énergie atomique. L'une de ses principales missions consiste à inspecter les centrales nucléaires à travers le monde, que leur énergie soit à usage civil ou militaire.

9. *Hydropower Special Market Report : Analysis and Forecast to 2030*, International Energy Agency, juin 2021.

10. *2020 Iceland Country Report*, International Energy Agency, 2021. https://iea-gia.org/about-us/members/iceland/

11. « Geothermal », The World Bank, 1er décembre 2017.

12. Kenneth Hansen, Christian Breyer et Henrik Lund, « Status and perspectives on 100 % renewable energy systems », *Energy*, vol. 175, 15 mai 2019, p. 471-480.

8.
Les transports verts

1. Source : *Our World in Data.* ICCT : International Council on Clean Transportation. ONG indépendante et sans but lucratif, ayant pour mission de fournir une recherche scientifique impartiale aux autorités de réglementation environnementale, sur le thème de la transition écologique des transports.

2. *Energy Technology Perspectives 2020 : Part of Energy Technology Perspectives*, IEA, septembre 2020.

3. Je renvoie, sur ce dernier point, au chapitre traitant de l'arrêt des énergies fossiles.

4. Steven J. Davis *et al.*, « Net-zero emissions energy systems », *Science*, vol. 360, nº 6396, 29 juin 2018.

5. Donato Cecere, Eugenio Giacomazzi et Antonella Ingenito, « A review on hydrogen industrial aerospace applications », *International Journal of Hydrogen Energy*, vol. 39, nº 20, 3 juillet 2014, p. 10731-10747.

6. Lewis M. Fulton *et al.*, « The need for biofuels as part of a low carbon energy future », *Biofuels, Bioproducts and Biorefining*, vol. 9, nº 5, septembre-octobre 2015, p. 476-483.

7. Hannah Ritchie, « Cars, planes, trains : where do CO_2 emissions from transport come from ? », *Our World in Data*, 6 octobre 2020.

8. Nous approfondirons ce point dans le chapitre traitant du Plan Marshall pour la planète.

9. L'explorateur environnementaliste Bertrand Piccard et le pilote d'avion André Borschberg sont à l'origine du projet.

10. « No loopy idea », *The Economist*, 17 août 2013.

11. « Elon Musk promises new Hyperloop tunnel after speed record broken », John Porter, *The Verge*, 22 juillet 2019.

12. L'action de *Top Gun*, de Tony Scott, sorti en 1986, se déroule dans une école d'élite de formation de pilotes de chasse de l'armée américaine. Le pilote surnommé « Maverick » a tendance à enfreindre les règles et à prendre des risques excessifs. Son rival, surnommé « Iceman » est son exact contraire.

13. « Pouvoir voler en 2050 : quelle aviation dans un monde contraint ? », rapport, The Shift Project, 3 mars 2021, p. 5-6.

14. Manuela Pérez Pérez *et al.*, « The environmental impacts of teleworking : A model of urban analysis and a case study », *Management of Environmental Quality : An International Journal*, vol. 15, nº 6, p. 656-671, décembre 2004.

9.
L'adieu aux déchets

1. The Guardian, "Agbogbloshie: the world's largest e-waste dump – in pictures" https://www.theguardian.com/environment/gallery/2014/feb/27/agbogbloshie-worlds-largest-e-waste-dump-in-pictures

2. Silpa Kaza, Siddarth Shrikanth et Sarur Chaudhary, *More Growth, Less Garbage*, World Bank Group, 2021, p. 3-4.

3. Loi française n° 2017-399 du 27 mars 2017 relative au devoir de vigilance des sociétés mères et des entreprises donneuses d'ordres.

4. Collectif Éthique sur l'étiquette *et al.*, « Vers une législation européenne sur la responsabilité des multinationales : recommandations d'organisations ayant défendu la loi française relative au devoir de vigilance », décembre 2020.

5. Collectif Éthique sur l'étiquette *et al.*, « Communiqué de la société civile sur la proposition de directive sur le devoir de vigilance des entreprises en matière de durabilité », 12 mai 2022.

6. Source : « Municipal waste », OECD Data, 2020.

7. « The German recycling system : the world's best recycling country », Tomorrow.city, 2 septembre 2021.

8. *Livre blanc : 50 mesures pour une consommation et une production durables*, Halte à l'obsolescence programmée, février 2019.

9. En France, en 2020, à la suite des propositions de HOP, la loi Agec a mis en place un indice de réparabilité des produits (en vigueur depuis 2021) et prévoit la mise en place d'un indice de durabilité (à partir de 2024).

10. *La Mondialisation malheureuse : inégalités – pillage – oligarchie*, préface de Bertrand Badie, First, 2016.

11. Philippe Bihouix, *L'Âge des low-tech : vers une civilisation techniquement soutenable*, Seuil, 2021 (réédition).

12. wiki.lowtechlab.org

13. Guillaume Pitron, *La Guerre des métaux rares : la face cachée de la transition énergétique et numérique*, préface d'Hubert Védrine, Les Liens qui libèrent, 2019, p. 19.

10.
Un Plan Marshall pour la planète

1. Outre qu'il fut Premier ministre de France de 1976 à 1981, c'est en tant qu'économiste que Raymond Barre est familier de plusieurs dizaines de promotions d'anciens élèves de Sciences Po, parce qu'il est l'auteur des deux volumes du manuel avec lequel ils ont tous révisé, surnommé « Le Barre ».

2. Arthur Cecil Pigou, *The Economics of Welfare*, 1920, chapitre IX.

3. Dominique Bureau et Jean-Charles Hourcade, « Les dividendes économiques d'une réforme fiscale écologique », *in Fiscalité de l'environnement*, rapports du Conseil d'analyse économique, La Documentation française, 1998.

4. Ronald H. Coase, « The problem of social cost », *Journal of Law and Economics*, vol. 3, nº 1, p. 1-44.

5. Paul Masson, *L'Aide bilatérale : assistance, commerce ou stratégie ?*, Presses universitaires de France, 1967, p. 23.

6. Jeremy Rifkin, *Le New Deal vert mondial*, Les Liens qui libèrent, 2020, p. 189-230.

7. Le PIB mondial était, en 2021, de 93 863 milliards de dollars (source : Fonds monétaire international).

8. Monetary aggregate M3, Euro Area, annual percentage changes, data for January 2021, European Central Bank.

Un mode d'emploi pour agir

1. Les recommandations qui suivent sont partiellement tirées (et traduites par l'auteur) des crédits conclusifs du documentaire *Une vérité qui dérange* de 2006, écrit et présenté par Al Gore, réalisé par Davis Guggenheim.

Table des matières

Du même auteur

Le Souverainisme
Presses universitaires de France, collection « Que sais-je ? », 2022.

Le Livre noir de la mondialisation : 400 millions de morts
Plon, 2020.

La Chute de la maison Mélenchon
Albin Michel, 2019.

Antisocial : la guerre sociale est déclarée
Plon, 2018.

Islamopsychose : pourquoi la France diabolise les musulmans
Fayard, 2017.

La Mondialisation malheureuse : inégalités – pillage – oligarchie, préface de Bertrand Badie
First, 2016.

Les jeunes de banlieue mangent-ils les enfants ? préface d'Emmanuel Todd
Le Bord de l'eau, 2015.

Petit Guide du mensonge en politique
First, 2014 (première édition) ; Pluriel, 2017 (deuxième édition).

Nicolas Sarkozy, chronique d'un retour impossible ?
First, 2013.

Pour en savoir plus
sur les Éditions Plon
(catalogue, auteurs, vidéos, actualités...),
vous pouvez consulter
www.plon.fr
www.lisez.com

lisez!

et nous suivre sur les réseaux sociaux

Editions Plon

@EditionsPlon

@editionsplon

#lisez! engagé
www.lisez.com
Imprimé sur du papier issu de forêts gérées durablement.
Plus d'information ci-dessus

*Cet ouvrage a été achevé d'imprimer sur Roto-Page
par l'Imprimerie Floch à Mayenne en janvier 2023.
L'utilisation d'encres végétales sur nos rotatives, sans sécheur,
s'inscrit dans une démarche écologique
et une volonté de limiter notre impact environnemental.*

N° d'édition : P31391/01
N° d'impression : 101789
Imprimé en France